TYPOGRAPHIE FIRMIN-DIDOT. — MESNIL (EURE).

PAVILLON ROYAL

PAVILLON DES GALÈRES — PAVILLON MARCHAND

L'ANCIENNE FRANCE.

LA MARINE

ET

LES COLONIES.

COMMERCE.

OUVRAGE ILLUSTRÉ DE 149 GRAVURES

ET D'UNE CHROMOLITHOGRAPHIE.

PARIS,

LIBRAIRIE DE FIRMIN-DIDOT ET Cⁱᵉ,

IMPRIMEURS DE L'INSTITUT, RUE JACOB, 56.

1888.

LA MARINE

ET

LES COLONIES.

LA MARINE

ET

LES COLONIES.

LA MARINE.

I.

UX temps les plus anciennement connus, les Gaulois du nord allaient dans les îles Britanniques, et jusque dans les Orcades, recevoir du plomb, de l'étain, des fourrures, des chiens de chasse, contre de la poterie commune, des ouvrages de cuivre ou de fer, et des vins d'Italie, qui leur arrivaient par la Méditerranée; ceux du midi opéraient un semblable trafic d'échanges avec les peuples du littoral de l'Afrique et de l'Espagne.

Les voyages qu'exigeait ce commerce, tant sur la mer que sur les grands cours d'eau de l'intérieur, se faisaient dans des barques fragiles, de longs canots de bois ou d'osier, revêtus de peaux, et assez identiques à ceux dont quelques peuplades sauvages ont conservé l'usage. On naviguait tant que durait la clarté du jour, en se laissant aller au courant à la descente des fleuves, et en s'aidant, à la remonte, de la rame et d'une voile de cuir. Quand venait la nuit, on se rapprochait de la rive, et l'on y campait jusqu'au matin. Sur mer, on longeait la côte autant que possible, de havre en havre ; on choisissait les plus courtes traversées, et l'on se risquait, par un ciel brillant et pur, sur la foi de certaines étoiles, notamment de l'étoile polaire. Il fallait avoir le cœur revêtu d'un triple airain, comme le dit Horace, pour s'élancer dans de telles conditions sur les flots.

L'exemple qu'offraient les Phocéens, qui fréquentaient depuis longtemps leurs parages, fournit probablement aux Gaulois la connaissance d'une marine bien supérieure à celle dont ils faisaient usage, ainsi que l'ambition d'en posséder une semblable. Instruits, et peut-être guidés par ces intelligents navigateurs, ils construisirent des bâtiments d'un plus fort tonnage, d'une membrure plus solide, plus propres à résister aux assauts de la mer. D'un autre côté, ceux qui habitaient les bords de l'Océan avaient trop d'îles, de promontoires, de baies à leur disposition pour ne point être tentés d'en profiter. Aussi, le long des côtes et assez avant dans l'intérieur, avaient-ils bâti des villes fortes et creusé des ports qui se remplirent d'embarcations.

Si les habitants de Marseille étaient puissants sur la Méditerranée, ceux de Vannes ne le devinrent pas moins sur l'Océan. Lors de l'arrivée de Jules César, cette ville tenait sous sa domination toutes les places maritimes situées dans un rayon étendu autour d'elle, et elle était liée avec l'Angleterre par un échange continuel de produits. « Les Vénètes, » rapporte en effet César, « ont un grand nombre de vaisseaux, qui leur servent à communiquer avec la Bretagne ; ils surpassent les autres peuples dans l'art et la pratique de la navigation, et maîtres du peu de ports qui se trouvent sur cette orageuse et vaste mer, ils prélèvent des droits sur presque tous ceux qui naviguent dans ces parages. »

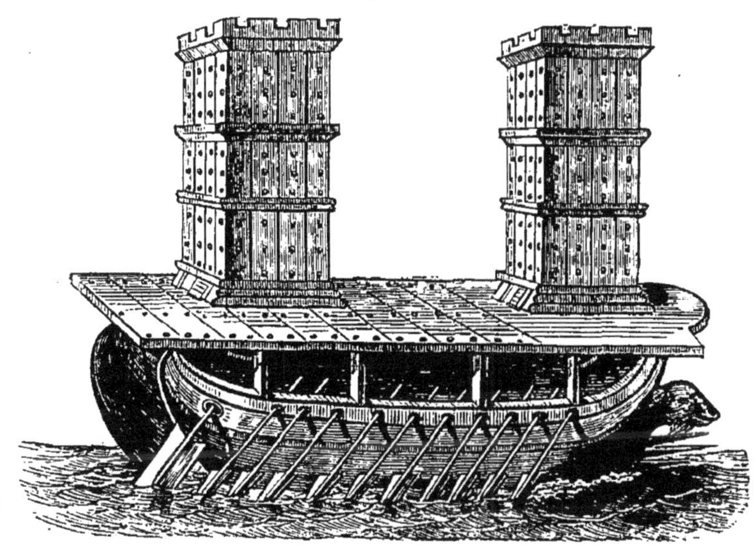

Fig. 1. — Navire romain à tours.

Un peu plus loin, César donne d'intéressants détails sur la marine des Vénètes. « Les vaisseaux de l'ennemi, » dit-il, « étaient construits et armés de la manière suivante : la carène en est un peu plus plate que celle des nôtres, ce qui leur rend moins dangereux les bas-fonds et les reflux ; les proues sont très élevées, les poupes peuvent résister aux plus grandes vagues et aux tempêtes ; les navires sont tout entiers en chêne et en état de supporter les chocs les plus violents. Les bancs, faits de poutres d'un pied d'épaisseur, sont fixés par des clous en fer, de la grosseur du pouce ; les ancres sont retenues par des chaînes en fer au lieu de cordages ; des peaux molles et très amincies leur servent de voiles. »

Tant par l'habileté de ses matelots que par le nombre de ses vaisseaux, Vannes aurait aisément triomphé des Romains si ceux-ci l'avaient attaquée avec leurs seules forces; mais, profitant de la désunion qui régnait entre les diverses tribus rivales, ils appelèrent à eux le concours des Santons et des Poitevins. Dès qu'ils furent en vue, continue l'historien de la conquête des Gaules, « 220 navires environ, parfaitement équipés et armés, sortirent du port et vinrent se ranger en face des nôtres. Brutus, le chef de la flotte, les tribuns militaires et les centurions qui commandaient chaque vaisseau, n'étaient pas fixés sur ce qu'ils avaient à faire. Ils savaient que l'éperon de nos galères était sans effet; que nos tours ne pourraient pas dominer les poupes de l'ennemi, et que nos traits lancés d'en bas seraient une faible ressource (fig. 1 et 2), tandis que ceux des Gaulois nous accableraient. Une seule invention nous fut d'un grand secours : c'étaient des faux extrêmement tranchantes, emmanchées de longues perches. Quand, au moyen de ces faux, les câbles qui attachent les vergues aux mâts étaient accrochés et tirés vers nous, on les rompait en faisant force de rames; les câbles une fois brisés, les vergues tombaient nécessairement, et cette chute réduisait aussitôt à l'impuissance les vaisseaux gaulois, dont toute la force était dans les voiles et les agrès. »

Sitôt qu'un vaisseau était ainsi désemparé, deux ou trois barques romaines l'entouraient et l'abordage avait lieu. Grâce à un calme plat qui rendit aux Vénètes tout mouvement impossible, la même manœuvre fut répétée avec succès sur chacun de leurs navires, et un bien petit nombre put regagner la terre, lorsque le coucher du soleil vint mettre fin au combat. La perte qu'ils venaient d'éprouver ne laissait au reste des habitants aucun moyen de défendre leur territoire : ils se rendirent à César avec tout ce qu'ils possédaient, et César se vengea de la résistance qu'ils lui avaient opposée en faisant mettre à mort tout le sénat et en vendant à l'encan le reste de la population (56 av. J.-C.).

Tel est le récit, que nous a conservé le vainqueur lui-même, de la plus ancienne bataille navale où ait figuré la marine de nos ancêtres.

Fig. 2. — Galère antique à 3 rangs de rames. Bas-relief, au musée de Naples.

L'impulsion que la marine avait reçue dans la Gaule ne s'arrêta point sous la domination romaine; mais il paraît que si les habitants du littoral reprirent la pratique du commerce, ils se livrèrent non moins volontiers à la piraterie, qui leur offrait des moyens de fortune plus en rapport avec leurs instincts belliqueux. D'où il résulta que l'exercice continuel de ce brigandage donna à ceux qui en faisaient métier une habitude et une audace qu'ils n'auraient jamais acquises par des voyages pacifiques.

Aussi étaient-ils d'une intrépidité à toute épreuve. « Chez les Gaulois, » écrivait Sidoine Apollinaire au cinquième siècle, « chaque matelot est aussi adroit et instruit que le meilleur pilote des autres nations. Il n'y a point d'ennemis aussi redoutables qu'eux sur mer. Toujours sur leurs gardes, toujours prompts à attaquer, on ne peut presque jamais les surprendre. S'il faut en venir à un abordage, ils ont plus tôt sauté dans le vaisseau ennemi, plus tôt

Fig. 3. — Navire à voiles, sculpté sur un bain antique ; collection Borghèse, à Rome.

renversé ceux qui osent leur résister, qu'on ne s'attendait à les voir. S'ils chassent un vaisseau, quelque bon voilier qu'il soit (fig. 3 à 5), ils le prennent infailliblement ; s'ils sont obligés de faire retraite, ils manœuvrent avec tant d'audace, d'ensemble, de lenteur, qu'on ne saurait leur reprocher la honte de fuir. En un mot, fermes au milieu des tempêtes, sachant y prendre toutes les mesures nécessaires, on dirait qu'ils se jouent des vents, des flots et de la mort même. »

Il y avait, de plus, pour les Gaulois un intérêt de salut à tenir leur marine sur un pied respectable. A tout moment, des-

cendaient du Nord, sur des bateaux dont les œuvres vives étaient
d'un bois léger et les œuvres mortes d'un tissu d'osier couvert de
cuir, ces redoutables Saxons et Danois qui devaient désoler si longtemps nos provinces maritimes. Non moins hardis que ceux dont ils
venaient ruiner le pays, non seulement ils attaquaient les rivages

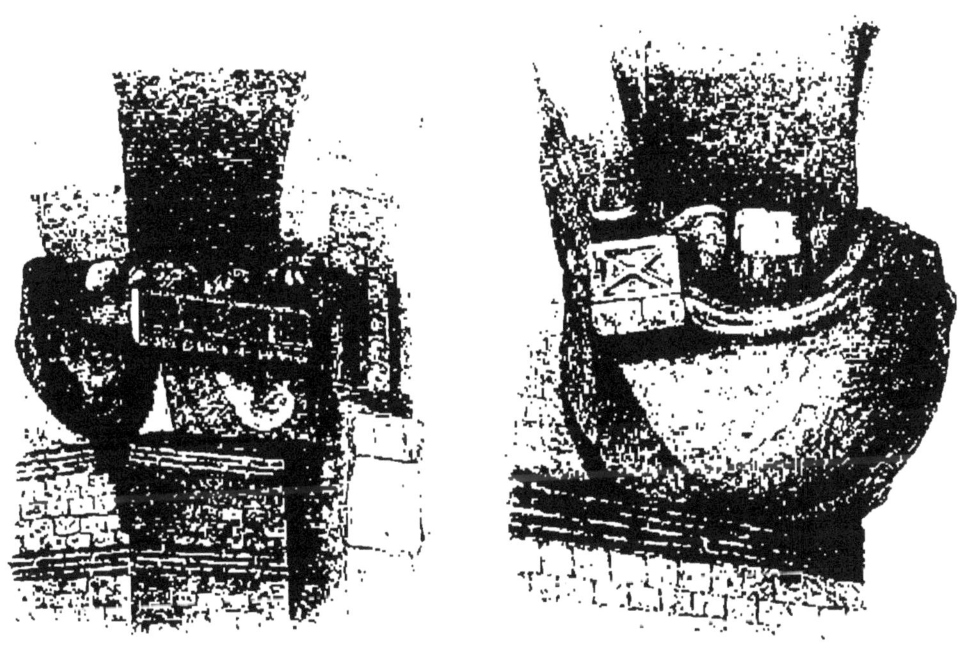

Fig. 4 et 5. — Retombée des voûtes de la grande salle du palais des Thermes à Paris,
représentant une proue de navire.

à force ouverte, mais encore ils s'introduisaient dans l'intérieur
par les embouchures des fleuves, grands ou petits, grâce au faible
tirant d'eau de leurs embarcations. Remontant sans bruit jusqu'à
trente et quarante lieues dans les terres, ils descendaient à l'improviste et en troupes nombreuses, commettaient d'horribles
massacres et se gorgeaient de butin. Afin d'arrêter les incursions
de ces pillards, on avait élevé en diverses stations maritimes, à
Wissant, à Boulogne, aux bouches de la Meuse, de l'Escaut, de

la Somme et de la Seine notamment, des tours fortifiées, à l'abri desquelles une flottille de petits bâtiments se tenaient prêts à combattre l'envahisseur.

Les Francs, qui firent la conquête de la Gaule, n'avaient pas moins de courage et d'habileté sur mer. Ayant succombé contre l'empereur Probus dans un combat livré entre l'Elbe et le Rhin, leur vainqueur en fit, suivant l'usage, déporter plusieurs familles sur les bords du Pont-Euxin. Cette petite colonie, se voyant exilée sans espoir de retour, s'empara de quelques barques, s'échappa d'abord par les détroits du Bosphore et de l'Hellespont, ravagea les côtes de l'Asie, de la Grèce et de l'Afrique, et, toujours pillant et dévastant, rentra en Batavie par les colonnes d'Hercule, l'Océan et le canal de Bretagne.

Sous les rois de la première race, les Francs ne furent occupés qu'à se battre entre eux ou contre leurs voisins, mais toujours sur la terre ferme. On cite pourtant quelques exceptions : Théodebert, fils de Thierry Ier, atteignit en mer les Danois qui venaient de ravager l'Austrasie, et leur infligea une sanglante défaite; Gontran, roi des Burgondes, envoya des vaisseaux désoler la Galice; et Charles Martel dirigea, dit-on, une expédition maritime contre les Frisons.

Aux pirateries et aux descentes des hommes du Nord ou Normands (fig. 6) se joignirent au commencement de la seconde race celles des Sarrasins, le long des rives de la Méditerranée. Tant de désordres qui renaissaient chaque jour engagèrent Charlemagne à se faire rendre compte de l'état des ports de l'empire, à ordonner que l'on nettoyât les anciens et que l'on en ouvrît de nouveaux. Il s'attacha ensuite, à prix d'argent, les plus habiles marins qu'il put trouver, et s'en servit pour construire un grand nombre de vaisseaux, qui devaient être en tout temps équipés, armés et prêts à se porter où besoin serait de leur présence. Ces forces navales, organisées surtout en vue de la défense, prirent aussi quelquefois l'offensive. Ainsi, en 808, le comte Bouchard attaqua les Sarrasins à l'improviste, leur enleva ou coula à fond treize navires, débarqua dans l'île de Corse et fit périr tous les musulmans qui s'y trouvaient. Douze ans plus tard, les Sarrasins remportèrent, à leur tour, une importante victoire, près de la Sardaigne, sur la

Fig. 6. — Navire scandinave.

flotte rassemblée par ordre de Louis le Débonnaire et destinée à les éloigner de la Provence, sans cesse envahie par eux.

Un siècle durant, les côtes de l'occident et du midi furent encore ravagées, sans que la France, appauvrie et démembrée, opposât sur mer la moindre résistance. L'établissement des Normands en Neustrie (912) mit fin à leurs incursions; mais ils ne négligèrent point d'entretenir leur marine, qui, au temps du duc Guillaume, était très puissante. Lorsque ce prince projeta la conquête de l'Angleterre, il travailla à la fortifier, soit par les nombreux vaisseaux qu'il fit construire dans tous les ports de son duché, soit par le concours de ses principaux vassaux (fig. 7).

Les préparatifs de l'expédition sont vivement décrits par Robert Wace dans le *Roman de Rou* :

> Fevres e charpentiers manda.
> Dunc veissiez a grans esforz
> Par Normandie a toz li porz
> Merrien attraire e fust porter,
> Chevilles faire e bois doler,
> Nefz e esquiz appareiller,
> Veiles estendre, mast drecier.
> A grant entente e grant cost
> Tot un esté e un aost
> Mistrent al navie attorner.

Le jour du départ, 700 navires à grande voilure et plus d'un millier de bateaux de transport se mirent, au bruit des trompettes, en mouvement pour gagner le large. « Le vaisseau que montait Guillaume, » dit Augustin Thierry, « marchait en avant, portant, au haut de son mât, l'étendard envoyé par le pape, et une croix en guise de pavillon. Ses voiles étaient de diverses couleurs, et l'on voyait peints en plusieurs endroits les trois lions, enseigne de Normandie; à la proue, était sculptée la figure d'un enfant, tenant une bannière et sonnant de la trompette. »

Comme les grands vassaux étaient maîtres de toutes les contrées maritimes (Normandie, Bretagne, Provence), les rois, réduits à la navigation des fleuves dans ce qui constituait leur domaine propre, n'avaient à leur service qu'une batellerie insignifiante. Les croisades donnèrent quelque activité à la marine; on équipa alors des vaisseaux de guerre; mais la plupart de ceux qui transportèrent les guerriers d'Occident en Terre sainte furent loués, aux conditions les plus onéreuses, aux Vénitiens, aux Génois et aux Catalans qui, seuls en Europe, possédaient des flottes et connaissaient la mer qu'il fallait traverser. Philippe-Auguste n'avait pas encore de flotte lorsqu'il partit pour la croisade; mais, après la conquête de la Normandie, il fut en état d'en équiper une qui, si l'on en croit les chroniqueurs, s'élevait à plus de 1,700 voiles. En

apprenant qu'elle avait été surprise et détruite en partie au mouillage de Damm par les Anglais et les Flamands réunis, le roi en
fit brûler les restes, après avoir forcé l'ennemi à se rembarquer,
avec une perte de 2,000 hommes.

De cette quantité considérable de vaisseaux il ne faudrait pas

Fig. 7. — Construction des nefs du duc Guillaume; d'après un compartiment
de la *Tapisserie de Bayeux*.

conclure que la France eût alors une marine, ni qu'elle fût redoutable. D'abord, les bâtiments appartenaient à des armateurs, qui les
louaient au roi; ensuite, les uns n'étaient que des barges, des
côtiers, c'est-à-dire de grandes chaloupes à trois mâts, les autres
que des *galées,* marchant à voiles et à rames; on les attachait tous
ensemble, de manière à former une masse compacte, qui fût à
même de résister, sans être rompue, au choc de l'assaillant. Du
reste, la bataille de Damm ruina la marine à tel point, que, trois

ans après (1216), Louis, fils de Philippe-Auguste, fut obligé d'opérer sa descente en Angleterre sur des vaisseaux que lui prêta Eustache le Moine, célèbre pirate flamand (fig. 8).

Louis IX donna une assez vive impulsion à la marine. En 1242, il mit en mer 80 galées pour protéger les côtes du Poitou contre les attaques des Anglais. Plus tard, afin d'avoir un port sur la Méditerranée, il acquit le territoire à peu près désert d'Aigues-Mortes, en fit déblayer les canaux d'accès encombrés par les sables, et ce fut là qu'il s'embarqua pour ses deux croisades. Cependant, ses successeurs, bien que devenus maîtres en grande partie du littoral français, eurent plus d'une fois recours à l'étranger.

La rivalité du commerce avait amené de fréquentes querelles entre les marins anglais et normands. En 1292, le port libre de Bayonne fut le théâtre d'une lutte acharnée, où les derniers eurent le dessous. Autorisés par le roi à user de représailles, ils attaquèrent le premier navire ennemi qu'ils rencontrèrent, le prirent à l'abordage et pendirent le pilote au grand mât avec un chien à ses côtés. Ce fut le signal d'une véritable guerre maritime, faite par les habitants des côtes, et au cours de laquelle la Saintonge fut ravagée et la Rochelle pillée.

Sur l'ordre de Philippe le Bel, Matthieu de Montmorency et Jean d'Harcourt réunirent à Calais une flotte nombreuse, débarquèrent près de Douvres et mirent le feu à cette ville. En 1304, le roi en équipa une autre pour concourir à ses opérations militaires en Flandre : elle était composée de 11 galères génoises, de 8 gros navires espagnols et de 30 nefs armées et crénelées, celles-ci venant de la Normandie et de l'Artois; Regnier Grimaldi la commandait. Un combat s'engagea devant la place de Ziriksée. La grande élévation des coques au-dessus des navires à rames donna d'abord l'avantage aux Flamands; mais le Génois, usant d'adresse, feignit de s'éloigner à la tombée du jour, attira sur lui l'ennemi, et, revenant à toute vitesse, le surprit en désordre et le mit en fuite.

Sous Philippe VI, la marine parut reprendre quelque éclat, mais au moyen de bâtiments étrangers. Ce prince avait rassemblé une grande flotte pour une croisade, qui n'eut pas lieu; il l'employa

Fig. 8. — Navire du xiii⁰ siècle; d'après le sceau de la ville de Damm (Flandre). 1226.

dans la guerre qu'il soutenait contre Édouard III. Hugues Guiéret, Behuchet et le Génois Barbavara, rapporte Froissart, en étaient les capitaines. « Et tenoient ces trois maistres escumeurs grand foison de Génois, Normands, Picards et Bretons, et venoient courir jusques à Douvres et à Sandwich. » Cette flotte, forte alors de 140 grosses nefs, « sans les moindres, » et montée par plus de 40,000 hommes, devait disputer le passage à Édouard, qui s'apprêtait à envahir la France (fig. 9 et 10).

Les capitaines français, sans aucune expérience de la mer,

avaient choisi, entre Blankenberghe et l'Écluse, sur la côte flamande entourée de bancs de sable, une anse étroite, où leurs
vaisseaux se touchaient presque et présentaient de loin une forêt
de mâts; il leur semblait y être fortifiés de tous côtés, parce qu'ils
ne couraient pas le risque d'être tournés. « Seigneurs, leur dit Barbavara, voici le roi d'Angleterre et toute sa *navie* qui viennent sur

Fig. 9 et 10. — Nefs du moyen âge; d'après le manuscrit de Froissart (Bibl. nat.).

nous. Si vous voulez me croire, vous vous tirerez en haute mer;
car, si vous demeurez ici, tandis qu'ils ont pour eux le soleil, le
vent et le flot, ils vous tiendront si court que vous ne vous pourrez
aider ni manœuvrer. » A quoi répondit Behuchet : « Pendu soit-
il qui se départira! Ici nous attendrons et prendrons notre aventure. » Tout à coup Édouard vint donner sur les Français à pleines
voiles. Les archers firent aussitôt connaître leur supériorité; puis
ce fut le tour des gens d'armes, et pour mieux lutter de plain pied,
« ils avoient grands crocs et havets de fer tenans à chaînes, les
jetoient dedans les nefs de l'une à l'autre, et les attachoient ensemble ». On se battit, depuis six heures du matin jusqu'à trois

heures après midi, avec un acharnement extrême. Le capitaine génois, qui avait pris le large, échappa avec sa division, tandis que les deux amiraux périrent, que tous leurs vaisseaux furent pris ou coulés à fond (fig. 11), et que la perte de leur côté fut estimée à 30,000 hommes (24 juin 1340).

Ce désastre n'empêcha pas Philippe VI d'envoyer au secours de Calais 72 navires, que les Anglais, de beaucoup supérieurs en nombre, défirent complètement. Sur mer comme sur terre, c'était, de la part de la chevalerie française, même bouillant courage et

Fig. 11. — Galère du xive siècle; d'après une peinture de Pietro Laurati, Galerie des Offices, à Florence.

même dédain des règles militaires ; la malheureuse issue des journées de l'Écluse et de Crécy n'eut pas d'autres causes.

Abandonnée sous le roi Jean, la marine se releva sous son fils, Charles V, qui en favorisa le développement pour lutter avec plus d'avantage contre l'Angleterre. Dans cette vue, il fit construire à Harfleur et à Honfleur de nombreux bâtiments, et alla plusieurs fois lui-même visiter les chantiers. Avec l'aide des Castillans, il remporta sur les Anglais, à la hauteur de la Rochelle, une grande victoire, qui eut pour conséquence la soumission de la Saintonge et du Poitou, et envoya son amiral Jean de Vienne ravager les côtes de l'Angleterre.

Charles VI eut un projet beaucoup plus vaste : il médita, en

1386, une descente en Angleterre; et les préparatifs de cette expédition, ruineux pour la France, exigèrent la réunion d'environ
1,400 navires, que fournirent tous les peuples commerçants depuis la mer Baltique jusqu'au détroit de Gibraltar. Le connétable

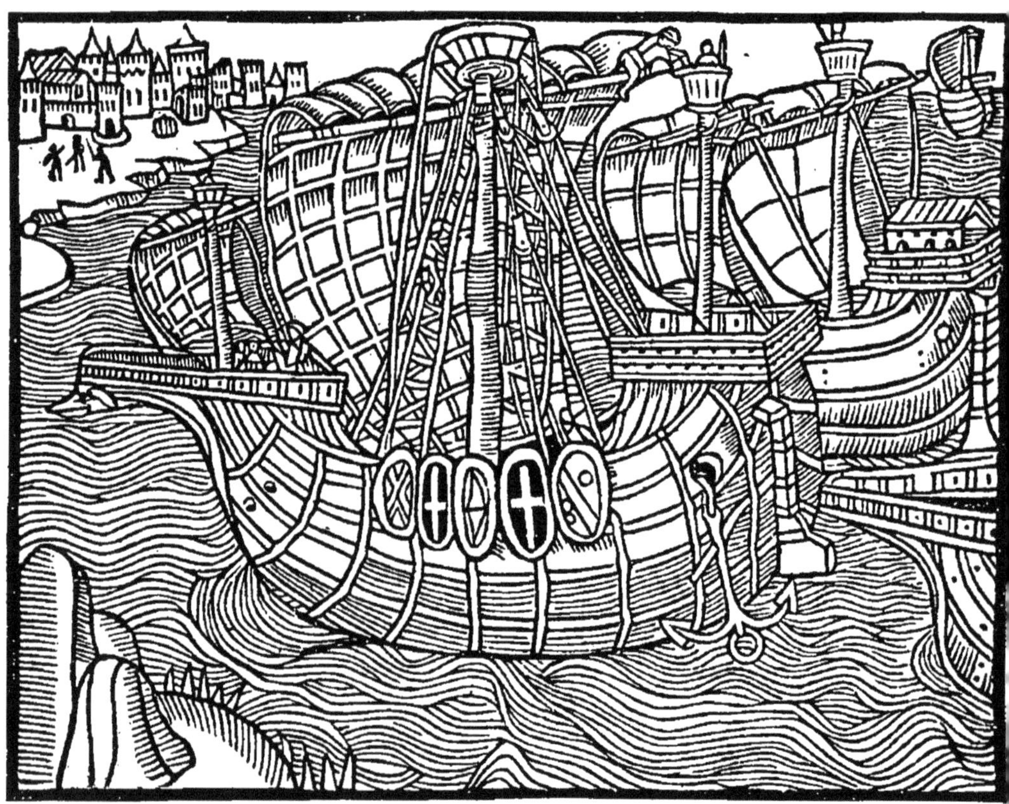

Fig. 12. — Une flotte au xv⁰ siècle; d'après une gravure du *Vergier d'honneur*.

Olivier de Clisson devait rallier cette flotte, placée sous les ordres
de Jean de Vienne, avec 60 navires de Bretagne, sur lesquels on
embarquerait une sorte de ville de bois, pour loger le roi et sa
cour, « ville tellement ouvrée qu'on la pouvoit défaire par travées
et la rasseoir membre à membre ». Mais cette flotte immense,
destinée à porter une armée de 60,000 hommes, devint inutile à
cause des obstacles que mit le duc de Berry à son départ. L'année

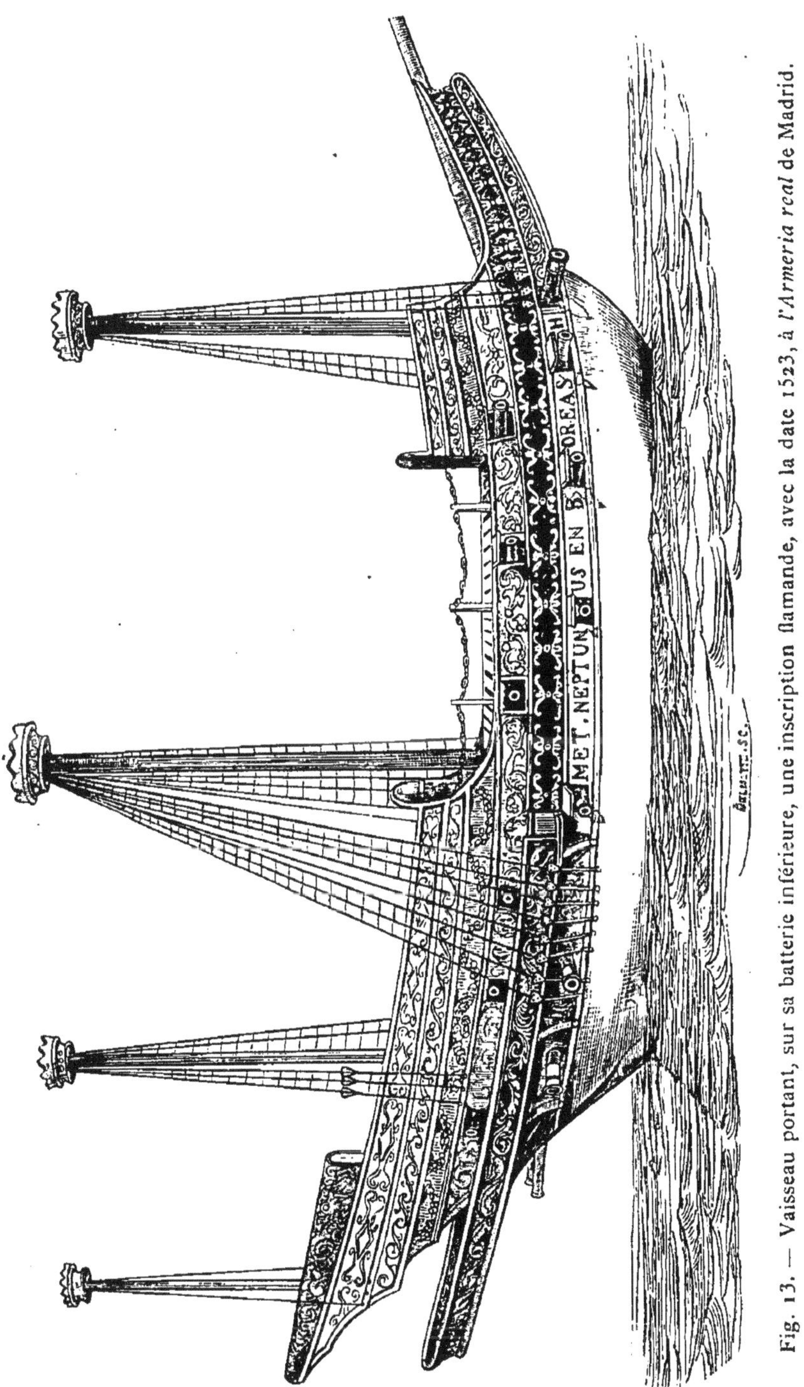

Fig. 13. — Vaisseau portant, sur sa batterie inférieure, une inscription flamande, avec la date 1523, à l'*Armeria real* de Madrid.

suivante, le roi, désirant tirer profit de ce qui restait des approvisionnements amassés à grands frais, ordonna la formation des deux escadres, l'une à Tréguier, l'autre à Harfleur; le malheur des temps voulut qu'elles fussent toutes deux réduites à l'impuissance.

La marine languit sous Charles VII et Louis XI, qui ne firent la guerre que sur le continent et n'eurent point l'occasion d'armer des flottes; elle se releva un peu sous Charles VIII et Louis XII, qui comprirent le besoin de ses secours pour le succès de leurs expéditions d'Italie (fig. 12). On vit alors, dans les eaux de la Méditerranée, des rassemblements de vaisseaux français ou de vaisseaux étrangers à la solde du roi; réunis dans le même but, ils obtinrent quelques avantages en se mesurant avec ceux de l'Espagne. En 1513, d'autres navires, sortis des ports de l'Océan, eurent à combattre les Anglais, et se tirèrent à leur honneur de plusieurs rencontres, grâce à l'habileté de leur chef, le Breton Prégent de Bidault.

Il était réservé à François Ier de posséder ce qu'aucun de ses prédécesseurs n'avait jamais eu : une marine royale. « Pour l'amour de Dieu et pour votre honneur, » lui écrivait un prélat écossais, « faites tant que vous soyez maître de la mer ! » Et d'autre part, Claude de Seyssel, évêque de Marseille, le pressait vivement de fonder une armée de mer permanente, à l'instar de l'armée de terre, afin de n'en être plus réduit à faire, en cas de guerre, la presse des vaisseaux marchands. Le roi créa deux flottes : l'une, sur la Méditerranée, composée de galères et dite du Levant; l'autre, dite du Ponant (couchant), sur les mers de l'ouest et du nord et qui consistait surtout en vaisseaux à voiles. L'état des ports l'occupa particulièrement. Dès 1516, il ordonna de fortifier le Havre de Grâce, qui n'était qu'un obscur village de pêcheurs; puis il lui accorda de nombreux privilèges, et le désigna, en place d'Harfleur, dont les sables rendaient l'accès inabordable, pour la construction des vaisseaux de l'État. La flatterie des courtisans voulut lui imposer le nom de *François-Ville;* mais le nom populaire prévalut.

Fig. 14. — Arrière d'un vaisseau du XVIe siècle; d'après une peinture.

Cependant, l'Italie continuait d'être le théâtre d'une guerre acharnée entre la France et la maison d'Autriche. Sous les ordres du Génois André Doria, le plus habile marin de son temps, la flotte du Levant contribua à la délivrance de Marseille qu'assiégeaient les troupes impériales, sauva la garnison de Vareggio, et recueillit, à l'embouchure du Tibre, les débris de l'armée française battue à Pavie. Bientôt Doria, préoccupé avant tout du sort de sa patrie, passa au service de Charles-Quint, et cette défection, qui nous fit perdre Gênes, ne fut pas compensée par le concours éphémère de la flotte ottomane.

N'ayant plus qu'Henri VIII pour adversaire, François Ier résolut d'opérer une descente sur les côtes d'Angleterre (1545). Il réunit au Havre 150 gros bâtiments (fig. 13 et 14), 60 petits et 25 galères qui passèrent de Marseille dans l'Océan, expédition regardée par les auteurs contemporains comme la merveille de la science navale. Cette flotte, divisée en trois escadres et commandée par d'Annebaut, la Meilleraye et la Garde, manœuvra pendant toute la saison, sans pouvoir attirer en pleine mer l'ennemi, qui s'était embusqué dans le canal de l'île de Wight, sur un fond hérissé d'écueils et défendu par des forts. Elle rebroussa chemin, après avoir fait trois descentes et ravagé quelques localités; mais elle ne parvint à débarquer nulle part, ni à reprendre Boulogne. On doit au même souverain plusieurs ordonnances relatives à la juridiction maritime, à l'établissement des gardes-côtes, au partage des prises et à l'institution de l'amirauté.

« Durant toutes ces guerres, » dit M. du Sein dans son *Histoire de la marine chez tous les peuples,* « la marine des particuliers rendit de grands services à sa manière. Plusieurs habitants des côtes de la Normandie, et en particulier de Dieppe, qui avaient armé en corsaires, attaquaient, avec une témérité souvent couronnée de succès, les convois maritimes qui apportaient en Espagne les trésors, encore à peine exploités, de l'Amérique, et faisaient, à leurs risques et périls, les plus brillantes captures. » Jean Ango, le plus riche armateur de Dieppe, expédiait au loin de nombreux navires, et déclara même la guerre au roi de Portugal, avec qui la France était en paix. « Quoi qu'il en soit de cette tradition, Ango, par les bâtiments qu'il équipait, fut un des plus

actifs soutiens de l'honneur national; les services qu'il rendit à
François Iᵉʳ furent si grands, que ce prince le nomma vicomte et
capitaine de la ville et du château de Dieppe. »

Fig. 15. — Vaisseau de guerre du xvıᵉ siècle; d'après le graveur H. Hondius.

Henri II entretint, comme son père, sur l'Océan et la Méditerranée, des flottes qui le servirent utilement (fig. 15). La première
seconda si bien l'armée qui assiégeait Boulogne, que les Anglais
furent forcés de nous restituer cette ville en 1550, et, huit ans

plus tard, le duc de Guise eut recours à ses services pour amener la reddition de Calais.

Les guerres civiles qui remplirent la fin du siècle furent désastreuses pour la marine : elle y périt presque entièrement.

Après la soumission de Paris, Henri IV, excité par l'exemple de la reine Élisabeth, songea à mettre la marine sur un bon pied, ainsi qu'il avait fait de l'armée. D'après ses ordres, Jeannin, son ambassadeur près des États Généraux, prit en Hollande des informations à ce sujet et chercha à engager au service du roi des officiers qui eussent navigué; mais ses démarches produisirent peu de fruit, et lorsque Marie de Médicis dut venir en France pour épouser Henri IV, on fut obligé de se servir des galères de Toscane pour la transporter, elle et sa suite. Enfin, la disette de vaisseaux où se trouvait le roi était si grande, qu'il n'en laissa pas un seul après lui.

La gloire de faire de la France une puissance maritime était réservée à Richelieu.

II.

ÉTAT DE LA MARINE AU MOYEN AGE.

Dès les temps les plus reculés, il y eut deux grandes familles de navires : les *longs,* qui se mouvaient à la rame ou à la voile, quelquefois par les deux moyens réunis; et les *ronds,* qui n'avaient pas d'autre force d'impulsion que l'action du vent. Le moyen âge suit ces traditions nautiques : il a la famille des galères, qui correspond à celle des vaisseaux longs, et celle des *nefs,* qui rappelle les vaisseaux ronds.

Comme la famille des vaisseaux longs de l'antiquité, celle des galères du moyen âge se partage en variétés nombreuses. La galère (fig. 16), grande, forte, et cependant rapide dans sa marche, avait reçu chez les Grecs le nom significatif de *dromon* (coureur). Au cinquième siècle, Théodoric fait construire mille dromons pour la défense des côtes d'Italie et le transport des céréales; au neuvième, l'empereur Léon le Philosophe, dans les Préceptes militaires qu'il donne à son fils, lui recommande l'armement des dromons à

Fig. 16. — l'oupe d'une galère antique, tirée des peintures de Pompéi, recueillies au musée de Naples.

deux étages de rames, avec 25 rames à chaque étage, et de chaque côté du bâtiment; pour le service personnel du préfet de la flotte, il conseille de prendre un dromon d'une dimension bien supérieure, comptant plus de 100 rames à chaque étage, tel que ceux que l'on construisait en Pamphilie, et qui, pour cette raison, étaient connus sous le nom de *pamphiles*. La flotte devait être munie de petits dromons, à un seul rang de rames, destinés à transmettre des avis (comme les avisos modernes), navires d'observation, lesquels portaient plus particulièrement le nom de *galères*.

La construction et le gréement des navires ne changèrent pas pendant plus de trois siècles (fig. 17), car, au douzième, la famille des vaisseaux à rames a encore pour chef le dromon; puis vient la *galère*, qui, moins grande que le dromon, affecte pourtant deux rangs de rames, et enfin le *galion* ou *galéide* (plus tard *galiote*), beaucoup plus petit que la galère.

Le dromon le plus grand, le mieux armé qui naviguât sur la Méditerranée à cette époque, fut celui que Richard Cœur de

Fig. 17. — Restitution d'un navire normand (xi° s.); d'après la *Tapisserie de Bayeux*.

Lion rencontra, au dire de l'historien Matthieu Paris, le 3 juin 1191, près des côtes de Syrie, et qui allait porter des renforts considérables au camp des infidèles assiégeant alors la ville de Saint-Jean d'Acre.

A la vue de ce colosse superbe, dont l'immense coque est peinte des plus éclatantes couleurs, dont la poupe est surmontée d'un château garni de tours, dont les trois mâts présentent au vent une ample voilure, dont les longues rames battent les vagues, les marins de la flotte anglaise sont d'abord étonnés et indécis; Richard, cependant, ordonne à ses hommes d'armes d'attaquer cette forteresse flottante. Ses galères légères l'entourent de toutes parts, quoique le dromon fasse pleuvoir sur elles une grêle de traits et de vases en verre, qui se brisent en tombant et répandent le feu grégeois. Le commandant du navire arabe veut chercher son salut dans la fuite à l'aide de ses voiles; mais le vent tombe tout à coup, et, le nombre de ses rameurs ayant été diminué de plus de moitié par les flèches anglaises, il se voit forcé d'accepter le combat. Les galères s'approchent du dromon, voltigent autour de lui, en le frappant coup sur coup de leurs

Fig. 18. — Chelande à tourelle, qui défendait le port de Venise; d'après une médaille frappée en l'honneur du doge P. Candiano Ier, mort en 887. Musée de Venise.

éperons d'airain, qui ouvrent de larges trouées dans ses flancs. Enfin, après l'avoir pris d'assaut, Richard fit noyer 1,300 des hommes qui le montaient.

Le dromon disparut au treizième siècle. Il n'y avait point de bâtiments de cette espèce dans la flotte qui conduisit Louis IX en Terre sainte; les marchés passés à Gênes et les conventions discutées à Venise pour le voyage d'outre-mer ne laissant pas plus de doutes à ce sujet que le récit de Joinville. L'historien de la quatrième croisade, Geoffroi de Villehardouin, ne nomme jamais non plus les dromons.

A côté du dromon figurait encore le *pamphile,* qui, avant de disparaître au quinzième siècle, avait plusieurs fois varié de forme et d'importance. Il faut citer ensuite la *chelande* (fig. 18) ou *sélandre,* qu'un auteur du onzième siècle représente comme un navire d'une longueur extraordinaire, d'une grande vitesse, ayant deux étages de rameurs, 150 hommes d'équipage, et qui, trois siècles plus tard, deviendra simplement un grand bateau plat à voile, sous le nom de *chaland.* La *taride,* sorte de galère marchande à rames, et *l'huissier,* lequel devait son nom à un

Fig. 19. — Le *Bucentaure,* navire d'apparat, qui servait aux noces du doge de Venise avec la mer ; d'après le modèle conservé à l'arsenal de Venise.

huis ou large porte qui s'ouvrait en avant de sa poupe pour l'embarquement des chevaux, sont contemporains du pamphile et de la sélandre, ainsi que le *chat* ou *chatte,* que Guillaume de Tyr nous fait connaître, à propos d'un fait de guerre maritime se rapportant à l'an 1121, en disant que ce navire à éperon, plus grand que la galère, portait 100 rames, dont chacune était maniée par deux hommes.

N'oublions point les *bucentaures* (fig. 19), grandes galères vénitiennes, ni les *sagettes* ou *saïties* (flèches), dont le nom caractérise la forme effilée et la marche rapide, et qui, avec leurs 12 ou 15 rames de chaque côté, remplissent au douzième siècle le rôle que joueront, du quatorzième au dix-septième, le *barinel* et le *brigantin*.

C'est encore au groupe si varié et si multiple des galères qu'appartiennent deux sortes de navires en usage aux quinzième et seizième siècles : la *fuste* et la *frégate,* qui étaient l'une et l'autre les diminutifs de la *galéasse.* La galère proprement dite recevait le

Fig. 20. — Croquis d'une galéasse du xvie siècle, peinte en détrempe sur la porte d'une armoire, conservée dans le palais Doria, à Gênes.

nom de *galéasse* (fig. 20) quand elle était grande et grosse, fortement armée, et mue par un nombre relativement restreint de rames, si longues et si lourdes que, pour en faire mouvoir une seule, six ou sept hommes, assis sur un même banc, et agissant ensemble sur le manche ou *giron* de la rame, n'avaient pas trop de toutes leurs forces.

Bien que nous n'ayons pas épuisé la liste des vaisseaux longs manœuvrés à la rame, abordons la famille des navires qui ne marchaient qu'à la voile (*nefs* ou vaisseaux ronds).

D'abord, le dixième siècle nous montre, chez les Vénitiens, ces grands et lourds bâtiments de charge dont les Sarrasins avaient fourni le modèle, et qui retenaient le nom de *cumbaries* (du latin *cymba*), ou *gombaries*. Il y avait aussi la *coque* (fig. 21), qui, selon un chroniqueur tudesque, était ronde de l'avant et de l'arrière, courte de portée, haute sur la mer, et tirant beaucoup

Fig. 21. — La *coque;* d'après une miniature du ms. de Virgile, xvᵉ siècle.
Bibl. Riccardi, à Florence.

d'eau; ce genre de bâtiment, qui passait pour insubmersible à cause de sa forme, figure dans toutes les flottes de guerre ou de commerce, du douzième siècle à la fin du quinzième. Les coques marchandes de Gênes jaugeaient jusqu'à 1,500 tonneaux et portaient 120 hommes d'équipage. Moins lourdes que les nefs ordinaires (fig. 22), elles se manœuvraient plus facilement; c'est ce qui leur valut sinon de remplacer tout à fait les nefs, du moins de se multiplier vite et d'être souvent préférées à celles-ci.

La *coque,* si souvent employée au moyen âge, avait sans

doute donné l'idée d'un autre grand navire du même genre, que les Vénitiens appelaient *buzo* (ventru), les Génois *panzono* (à grosse panse) et les Provençaux *busse* (signification analogue aux deux premières). Ces diverses dénominations pittoresques indiquent assez quel était le type de ce genre de navire aux larges flancs, tenant bien la mer, marchant lentement, mais capable de contenir d'immenses cargaisons et d'embarquer d'énormes fardeaux.

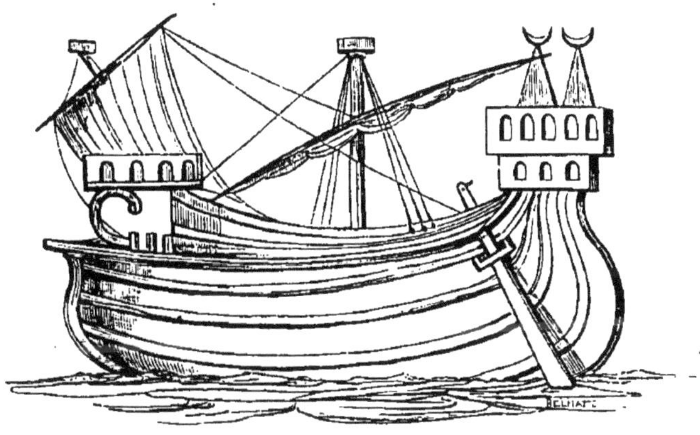

Fig. 22. — Nef sculptée sur la tour penchée de Pise. XIIe s.

Mais les noms de *gombaries, coques* et *busses* sont aujourd'hui presque aussi complètement oubliés que les navires auxquels on les attribuait, tandis que les noms de *carraque* et de *galion*, qui reparaissent sans cesse dans les histoires du seizième siècle, ont encore un sens accessible à tous les esprits. En effet, on arrive à se représenter ces véritables galions d'Espagne, qui, suivant le dicton populaire, revenaient chargés de l'or du Pérou, et, dans les ports français de l'Océan et de la Méditerranée, ces gigantesques carraques qui, sous Louis XII et François Ier, donnaient un caractère imposant à la marine militaire de la France. Parmi les carraques françaises, qui jouirent d'une grande renommée au seizième siècle, on cite *la Charente* (1501), *la Cordelière* (1512) et *le Carraquon*. La première, « une des plus avantageuses pour la

Fig. 23. — Vaisseau de guerre sur lequel Henri VIII, roi d'Angleterre,
s'embarqua en 1520 à Douvres, pour venir en France ; d'après un dessin d'Holbein.

guerre de toute la mer, » était armée de 1,200 soldats, sans les aides, et de 200 pièces d'artillerie, « tirant grosses pierres, boulets de fonte et boulets serpentins ». La seconde, équipée par les soins d'Anne de Bretagne, périt dans un combat, avec son adversaire. Nous allons parler de la troisième.

En 1545, François Ier avait fait construire en Normandie une carraque si belle, si richement décorée, si haute de ponts et de *châteaux*, si bien armée qu'on la nommait par excellence, *la Grande Carraque* ou *le Carraquon,* mouillé dans la rade du Havre de Grâce. Henri VIII en avait monté une à peu près aussi fastueuse (fig. 23) lorsqu'il s'embarqua pour venir assister à l'entrevue du

Fig. 24. — Nef espagnole de la fin du xve siècle ; d'après une gravure de *l'Arte del navegar,* par Pierre de Médine ; 1559.

camp du Drap d'or. Le navire français allait faire voile, en tête d'une puissante flotte envoyée contre les Anglais. François voulut le visiter, la veille de son départ. Il se rendit à bord, entouré d'une cour nombreuse et brillante. Une collation avait été préparée pour lui et sa suite, les musiques sonnaient, le canon grondait en son honneur ; le roi était en train d'examiner l'ordonnance de cette citadelle navale, quand tout à coup des cris d'alarme se font entendre. Le feu s'est déclaré dans l'entre-pont avec une incroyable rapidité, et avant même qu'on ait pu organiser des secours, tout le gréement est en flammes. Au bout de quelques heures, il ne restait plus de la Grande Carraque qu'une monstrueuse carène à demi consumée, échouée sur la côte, et l'on recueillit çà et là les cadavres de quelques hommes, tués par les boulets que lançaient les canons pendant l'incendie des batteries.

Le galion tenait un rang intermédiaire entre la nef proprement dite (fig. 24) et la grosse galère; c'était, à vrai dire, une nef allongée, plus étroite du fond et des flancs que les autres espèces de nefs. On vit d'abord quelquefois des galions allant à rames, mais ce fut l'exception (fig. 25). Les galions ordinaires, dont la poupe formait deux lobes arrondis, séparés par l'étambot ou support du gouvernail, avaient deux ponts; les plus grands en avaient trois.

L'histoire a conservé le souvenir de deux galions extraordinaires, dont l'un eut un sort analogue à celui de la fameuse *Grande Carraque* française. Ce navire, construit à Venise pour porter 3oo pièces d'artillerie et 5oo soldats, outre son équipage de marins, fut assailli, dans les lagunes, par une effroyable tourmente, avant d'avoir pris la haute mer : battu des vents et des flots, il s'inclina d'un côté sous le poids de ses canons entraînés par le roulis, ne put se relever et coula en vue de la ville.

Les *palandres*, les *hourques*, les *pataches*, les *mahones*, qui, pour être plus petits que le galion, ne laissaient pas d'avoir une certaine importance, nous amènent à un navire que ses dimensions restreintes n'ont pas empêché d'acquérir une sorte de renommée historique, par suite des événements majeurs à l'accomplissement desquels il concourut à la fin du quinzième siècle : c'est la *caravelle* (fig. 26) qui eut la gloire de porter Christophe Colomb en Amérique.

Une simple barque, nommée le *caravo,* en usage chez les Espagnols, donna naissance à cette petite nef, que la grâce, la légèreté, la finesse de sa carène et ses excellentes qualités de fin voilier, recommandèrent aux hardis navigateurs qui, à travers l'océan Atlantique, allaient chercher des terres nouvelles. Étroite à la poupe, un peu large à la proue, peu haute de bord, portant à l'arrière un double château et à l'avant un château élevé d'un seul étage, telle

Fig. 25. — Galion du XVIᵉ siècle, à trois mâts et à voiles carrées;
d'après un tableau de Raphaël, à la cathédrale de Sienne.

est la caravelle, qui arbore quatre mâts verticaux et un mât incliné. Au mât de proue se déploient deux voiles carrées; une voile triangulaire s'attache au grand mât, planté au milieu du navire. Les mâts qui s'élancent du château d'arrière et de la poupe portent, comme le grand mât, chacun une voile latine. La caravelle, imitée en France (fig. 27), marchait aussi aisément en montant dans le vent qu'avec le vent en poupe; elle virait de bord avec autant de facilité que si elle évoluait à l'aviron, ce qui est constaté dans le journal du premier voyage de Colomb.

Il est donc incontestable, et les exemples ne manquent pas pour

le démontrer, que le moyen âge eut de bons et beaux navires,
employés exceptionnellement à des voyages au long cours en pleine

Fig. 26. — Caravelle espagnole, que montait Christophe Colomb lorsqu'il découvrit l'Amérique ; d'après un dessin qui lui est attribué et placé dans *l'Epistola Christofori Columbi*, édition sans date (1494 ?), in-8°.

mer, car alors les plus hardis marins ne s'éloignaient pas trop de
la terre ferme et les plus longues navigations s'effectuaient d'ordinaire en suivant les côtes. Le moyen âge eut souvent aussi,
en certaines circonstances, des flottes considérables. Ajoutons, à

ce sujet, que le mot *flotte* n'a pas toujours désigné une réunion de navires; il était jadis synonyme de *troupe*.

En 1242, on voit les Génois, pour combattre 110 galères pisanes et impériales, prendre la mer avec 93 galères, 13 tarides et 3 grandes nefs. En 1204, les croisés, allant attaquer Constan-

Fig. 27. — Caravelle française ; d'après une figure des *Premières Œuvres* de J. Devaux, pilote du Havre; ms. du xvi⁰ s.

tinople, avaient une flotte de 300 navires selon un auteur, de 480 d'après un autre, navires de guerre et de transport, parmi lesquels il y en eut un, nommé *le Monde*, si grand et si beau, qu'il faisait l'admiration de tous les peuples des côtes de la Méditerranée. Joinville, l'historien des croisades de Louis IX, nous apprend que le roi partit du port d'Aigues-Mortes avec une flotte de « 1,800 vaisseaux, *que* (tant) grands que petits, » dont quelques-uns portaient plus de 1,000 passagers, et d'autres jusqu'à 100 chevaux. En

1295, les flottes française et norvégienne combinées, qui devaient agir contre la flotte anglaise (fig. 28 et 29) dans la guerre de Philippe le Bel contre Édouard Ier, roi d'Angleterre, comprenaient un effectif de 600 vaisseaux environ, dont 260 galères et 330 nefs, de diverses grandeurs.

Fig. 28. — Sceau de la ville de Douvres, en Angleterre (1281).

Trois siècles plus tard, les flottes n'étaient pas plus nombreuses ni plus puissantes, quoiqu'elles fussent mieux organisées. En 1570, le sultan Sélim II expédie de Constantinople contre l'île de Chypre une flotte de 116 galères, 30 galiotes, 13 fustes, 6 grosses nefs, 1 galion, 8 mahones, 40 *passe-chevaux* et un grand nombre de *caramoussats,* chargés de vivres, d'artillerie et de munitions de toutes sortes ; formidable armement auquel les chrétiens, sous le commandement d'André Doria, opposent seulement 104 galères, 12 galéasses, 1 gros galion et 14 grandes nefs.

A vrai dire, et c'était là d'ailleurs une des conséquences naturelles de l'état féodal, ces flottes formidables n'étaient point créées et entretenues par les gouvernements au nom desquels elles agissaient. Rois et républiques possédaient bien en propre quelques navires portant leur pavillon, mais généralement en trop petit nom-

Fig. 29. — Sceau de la ville d'Yarmouth, en Angleterre. xiiie s.

bre pour entreprendre d'attaquer un rival redoutable, ou pour se défendre contre lui. Là encore l'analogie la plus complète existait dans les droits féodaux sur mer comme sur terre. La féodalité avait ses vaisseaux ainsi qu'elle avait ses châteaux; les barons dont les domaines étaient riverains de la mer devaient entretenir à leurs frais un ou plusieurs bâtiments construits pour la guerre ou le commerce. De riches marchands des ports de Venise, de Gênes, de Marseille, et plus tard du Havre, de Dieppe, d'Anvers, soit par eux-mêmes et de leurs deniers, soit en formant de véritables compagnies d'actionnaires, faisaient construire des galères et des nefs.

Quand une guerre devenait imminente et qu'il fallait préparer une flotte pour le transport des croisés, le souverain signifiait aux seigneurs tenant fiefs et aux propriétaires de navires qu'ils eussent à les *adouber,* à les équiper, à les armer, ce qui n'exigeait que fort peu de temps et de soins spéciaux, car, à cette époque, où toutes les mers étaient infestées de pirates, les navires marchands se trouvaient dans l'obligation d'être toujours armés pour leur défense. Sur ces navires, chaque matelot était, au besoin, soldat, et, outre l'équipage, qui ne prenait les armes qu'au moment du combat, il y avait à bord des arbalétriers et des gens de guerre proprement dits, dont le rôle était de monter les premiers à l'abordage du vaisseau ennemi, ou de repousser ses attaques à coups de *vireton* ou traits d'arbalète. L'introduction de machines à lancer des traits ou des pierres dans l'armement du navire et l'enrôlement de quelques soldats de plus suffisaient d'ordinaire à transformer immédiatement en nefs ou galères de guerre les vaisseaux qui n'avaient servi jusque-là qu'au transport des marchandises et des passagers.

Quoi qu'il en fût, l'amiral qui devait commander la flotte faisait publier l'ordre d'armement dans tous les ports où son maître avait autorité (fig. 3o).

En vertu de cet ordre, on procédait d'abord à la levée du *cartel :* c'était un tableau qu'on fixait au haut d'un pilier ou d'une lance et sur lequel une légende, peinte ou gravée, annonçait que tant de navires, de telles espèces, allaient être armés dans tel délai, pour agir contre tel ennemi, ou pour aller en tel endroit. A côté de ce tableau, exposé sur le rivage ou à l'entrée de la ville et paré de guirlandes et de banderoles, flottait la bannière du prince, laquelle

Fig. 30. — Louis de Malet, seigneur de Graville, amiral de France (1487),
en costume de guerre et de tournoi; d'après une gravure du XVIᵉ s.

avait été bénite pendant une messe solennelle, célébrée pour le succès de l'entreprise. Des trompettes marines sonnaient des fanfares, et un héraut d'armes répétait à haute voix la teneur du cartel. Un scribe était là, plume en main, pour inscrire sur son registre les marins ou soldats de mer, qui donnaient leurs noms et stipulaient, avec le représentant du prince ou de l'amiral, les conditions d'engagement, dont un contrat en forme était ensuite passé par-devant le notaire.

Et dès que les enrôlements avaient atteint le nombre voulu, le cartel s'abaissait et les trompettes cessaient de sonner.

Quand les navires des princes et ceux des nobles et bourgeois, ces vassaux soumis au ban féodal, ne suffisaient pas pour former la flotte qu'on voulait mettre en mer, on s'adressait aux alliés, on avait recours à toutes les marines étrangères ; on achetait des vaisseaux, ou plutôt on les louait, on les nolisait, on les appliquait surtout au transport des troupes. Les marchands de Gênes et de Venise furent ainsi les principaux *nolisateurs* des croisades. En 1246, Louis IX leur demanda des navires, en même temps qu'il en demandait au commerce de Marseille. Des mandataires du roi allèrent en Provence et en Italie traiter de la construction et du nolis des navires pour le passage des pèlerins armés qui devaient le suivre. Ces envoyés, parmi lesquels figurait frère André, « prieur de la sainte maison de Jérusalem, » arrêtèrent, les uns avec le podestat de Gênes, les autres avec le doge de Venise ou les syndics de la commune de Marseille, toutes les conditions de l'armement : grandeur des navires, nombre des matelots, espace affecté à chaque passager ou cheval, prix proportionnel des places réservées dans les *châteaux* d'avant ou d'arrière, dans les grandes chambres dites *paradis,* dans l'entre-pont ou sous le pont inférieur (fig. 31).

Lors de la seconde croisade de saint Louis, les choses se traitèrent de même.

Nous retrouvons les navires génois dans « l'armée de la mer

Fig. 31. — Navire génois avec châteaux en avant et en arrière; d'après une peinture du XVIᵉ s.

faite en l'an de grâce 1295 » par Philippe le Bel contre Édouard Iᵉʳ
d'Angleterre; dans la flotte équipée en 1337 par Philippe de Valois contre Édouard III; dans la belle flotte que Nicolas Behuchet,
amiral de France, perdit à l'Écluse, en 1340; nous voyons encore que, deux siècles plus tard, dans l'armement maritime fait

par François Ier, sur les côtes de Normandie, les Génois lui envoyèrent 10 carraques, dont la plupart sombrèrent par la faute
des pilotes, en arrivant dans la baie de la basse Seine. Enfin,
l'histoire nous apprend qu'André Doria (fig. 32), le plus illustre

Fig. 32. — André Doria (1468-1560) ; d'après un portrait du temps.

des marins de Gênes, fut, quelque temps, amiral de François Ier,
ou plutôt chef de la flotte dans la Méditerranée durant quelques
années.

D'ordinaire, les aventuriers qui *prenaient parti,* c'est-à-dire qui
s'engageaient à servir sur les navires loués à un roi ou à un État

étranger pour telle ou telle expédition de mer, étaient les fils, les frères, les parents, les amis ou les clients des capitaines de ces navires. Souvent aussi, on recrutait seulement, parmi ces coureurs d'aventures, la troupe choisie qui, sous le nom de *retenue de poupe* (fig. 33), était chargée de garder la bannière ou le pavillon

Fig. 33. — Sceau de la ville de Sandwich, en Angleterre, représentant la *Retenue de poupe*. XIIIᵉ s.

du capitaine : attachés à la défense de cette bannière, plantée du côté droit du navire à l'entrée de la poupe, ils ne devaient jamais quitter leur poste sans un ordre exprès. La galère, attaquée par l'avant et envahie jusqu'au pied du grand mât, n'était pas près de se rendre, car la poupe restait confiée aux intrépides gardiens de la bannière, qu'ils défendaient jusqu'à la mort. Parmi les plus beaux faits d'armes qui ont illustré l'histoire de la marine, on citerait beaucoup d'exemples où la résistance désespérée des retenues de poupe décida seule du salut des navires.

Les soldats de mer (fig. 34 et 35) furent toujours les plus intrépides, les plus audacieux, et l'on comprend qu'ils aient donné l'idée d'un système de guerre sous-marine (fig. 36 et 37), qui, au quinzième siècle, se traduisit par d'incroyables imaginations d'armurerie nautique.

Il faut constater à l'honneur de ces siècles reculés, qu'on accuse trop souvent d'avoir été barbares et dépourvus d'ordre social, que, dans la plupart des ports de la Méditerranée, des prud'hommes étaient établis, avec mission de surveiller tout ce qui concernait les *passages d'outre-mer*, c'est-à-dire les voyages en Terre sainte. Cette espèce de tribunal bienveillant, composé de trois membres, connaissait de tous les différends qui s'élevaient entre les passagers ou les pèlerins et les armateurs ou capitaines, sur l'interprétation de leurs conventions réciproques. Une de leurs obligations était de mesurer soigneusement les emplacements disposés pour le logement des hommes sur ces navires, et de pourvoir à ce que chaque individu eût sa place marquée à bord et que tous fussent établis le plus commodément possible pour la traversée, qui ne durait pas moins de vingt-cinq à trente jours.

Des prescriptions formelles, extraites d'un véritable code maritime, existaient d'ailleurs pour régler, pendant la traversée, les rapports mutuels des diverses personnes embarquées sur le même bâtiment et pour assurer une sorte de solidarité réciproque entre les navires des nations amies. C'est ainsi, par exemple, que le marchand, qui passait une partie de sa vie en mer, avait sur le vaisseau une importance relativement plus grande que l'homme d'armes, qui ne s'y trouvait que temporairement. Lorsque plusieurs négociants avaient nolisé en commun pour le transport de leurs marchandises un navire sur lequel ils prenaient passage, le capitaine était tenu de les consulter et de suivre leur avis, dans les

périls de mer ou en cas de gros temps, et lorsque la crainte des
corsaires conseillait de relâcher dans le port le plus voisin. Avant

Fig. 34. — Soldat de galère au xvi⁰ s.   Fig. 35. — Esclave rameur au xvi⁰ s.
D'après César Vecellio, *Degli Habiti antichi*, 1590, in-8°.

de partir, le capitaine et son équipage avaient juré, la main sur
l'Évangile, de défendre le navire et ses passagers, marchands
ou autres, contre la tempête ou contre l'ennemi; dans ce dernier

cas, le marchand lui-même se transformait bien souvent en une sorte d'homme d'armes, pour prendre part à la défense du navire menacé.

La coutume voulait, afin de rendre les chances plus favorables au navire et au marchand, que les vaisseaux qui n'étaient point assez forts pour opposer à des corsaires une résistance sérieuse, naviguassent toujours de conserve, deux par deux, ou trois par trois, s'ils ne pouvaient se réunir à d'autres de manière à former un convoi plus nombreux. Lorsqu'une forte et grande nef rencontrait sur sa route un petit navire qui pouvait appréhender les attaques des écumeurs de mer, si celui-ci réclamait sa protection, elle était tenue de lui *donner le cap,* c'est-à-dire de lui tendre un cordage qui attachait l'un à l'autre les deux navires, de façon qu'ils pussent se prêter secours au besoin. Un capitaine de nef qui aurait refusé ce bon office à un bâtiment d'un ordre inférieur au sien eût encouru le châtiment le plus sévère.

Le règlement maritime, à l'application duquel veillaient les prud'hommes, voulait que les marchandises confiées à un capitaine de navire fussent convenablement aménagées dans l'intérieur du bâtiment, et non sur le tillac, qui ne devait recevoir que les agrès, les outils de charpentier et de calfat, les caisses contenant les armes de défense et les provisions d'eau douce. Aussi toutes avaries survenues pendant le voyage, par défaut d'installation ou par suite du mauvais arroi du navire, donnaient lieu à un recours contre l'armateur, qui ne devait louer son navire que dans le meilleur état possible et qui se trouvait, par ce fait, responsable de la bonne conservation de la cargaison.

Au quinzième siècle commencent les grandes navigations, que la boussole perfectionnée, l'astrolabe (fig. 38) et d'autres instruments maniés par l'*astrologue* du bord, rendent moins hasardeuses. On va aux Açores, aux Canaries, à la côte de Guinée, aux grandes Indes; on aborde à ce continent que Colomb découvre et que nomme Améric Vespuce. Mais il est encore des saisons réputées périlleuses, pendant lesquelles la loi interdit absolument la navigation. Au quatrième siècle déjà, les magistrats tuteurs des mari-

Fig. 36. — Le plongeur.

Fig. 37. — L'homme d'armes.

D'après des figures sur bois de Végèce, *l'Art militaire*; Paris, Wechel, 1532. pet. in-4°.

niers avaient *fermé* la mer, du troisième jour des ides de novembre au seizième des ides de mars; au treizième siècle, la mer s'ouvre avec avril et se ferme avec octobre. Au seizième, on ne peut légalement, de Constantinople, d'Alexandrie ou de la côte de Syrie, retourner à Venise, du 15 novembre au 20 janvier.

Si l'on éludait trop souvent cette ordonnance de mer, qui avait pour objet de protéger la vie des hommes de l'équipage, il était des lois qui, émanant du même principe et du même esprit, avaient plus de puissance. Par exemple, les vaisseaux ronds ou galères (il arriva souvent à la galère d'être affectée au commerce) étaient, dès leur mise à l'eau, soumis à une inspection minutieuse de la part des prud'hommes, qui, après les avoir examinés au point de vue de la solidité, les jaugeaient et leur imposaient sur le flanc une marque de flottaison définitive, qu'il était interdit d'immerger par excès de chargement.

Mais quittons un sujet dont les détails compliqués nous entraîneraient trop loin, pour nous occuper de l'*armement* proprement dit des navires.

Dès le dixième siècle, l'empereur Léon VI constatait que l'usage était de construire sur les dromons des *châteaux* pour l'attaque et pour la défense, châteaux dont le grand mât devait être le centre et qui s'établissaient à égale distance du pont et du sommet du mât. Cet usage se conservait encore au treizième siècle pour l'armement des galères. C'était là, d'ailleurs, une tradition de l'antiquité, qui posait des tours et des remparts sur les grandes trirèmes. Les vaisseaux ronds étaient aussi pourvus de châteaux construits, l'un à l'avant, l'autre à l'arrière. Dans les petits navires, ces constructions étaient de simples plates-formes, ceintes d'un rempart crénelé et montées sur des piliers (fig. 39); dans les grands navires, les châteaux formaient plusieurs étages, ajoutés à l'élévation normale de la poupe et de la proue. Des mangonneaux, des pierriers et d'autres machines à lancer des pierres et des traits étaient placés sur les châteaux et sur les barbacanes.

Les grandes nefs surtout portaient de terribles engins de destruction : tantôt une grande poutre suspendue, qui agissait comme le bélier antique sur les murailles du vaisseau ennemi, tantôt un mouton d'un poids énorme, qui, tombant et retombant du haut du mât, mettait en pièces un petit navire et le coulait bas. Le long

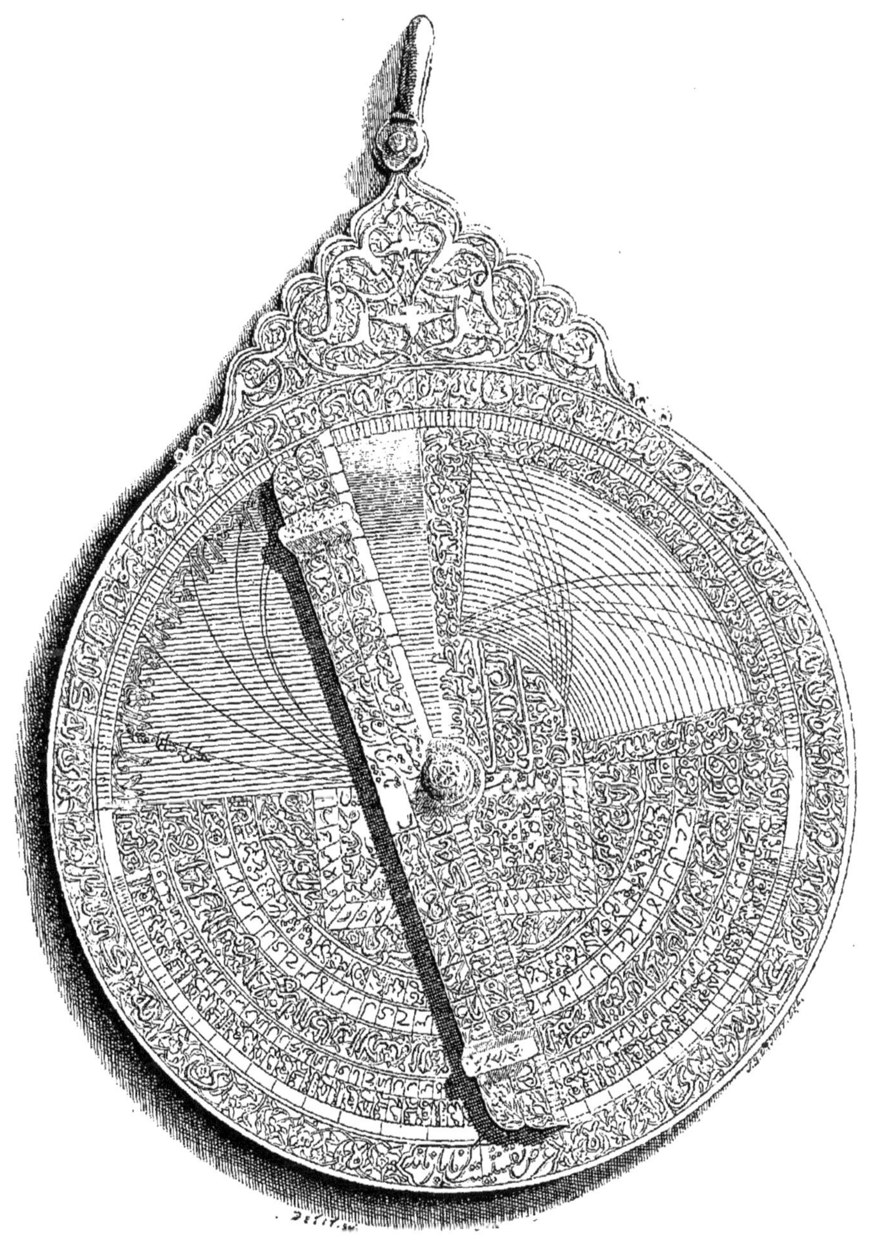

Fig. 38. — Face antérieure d'un ancien astrolabe arabe.

des mâts même, et presque à leur extrémité, on établissait, en outre, des *châtelets*, plates-formes suspendues, où se tenaient embusqués, à l'abri d'un rempart, des guetteurs, des archers, des jeteurs de pierres, et qui prirent, vers le seizième siècle, à bord des navires de la Méditerranée, le nom de *cage* ou *gabie,* tandis que les marins du Nord les désignaient depuis longtemps sous le nom islandais de *hune* (fig. 40).

Fig. 39. — Sceau de la ville anglaise de Poole, avec les châteaux figurés. xiii⁰ s.

L'introduction de l'artillerie à poudre sur les vaisseaux fut bien postérieure à l'invention des armes à feu et ne se généralisa que très lentement dans toutes les marines. Lorsqu'on voit, au milieu du quinzième siècle, une seule bombarde sur un navire de 750 tonneaux et 8 sur une nef de 1,500; lorsqu'on sait que, pour un armement de quatre mois (durée ordinaire des armements au moyen âge), chaque pièce d'artillerie de navire n'avait que 25 ou 3o boulets à tirer, on reconnaît que les armes nouvelles eurent peine à remplacer les anciennes dans la défense navale. D'après des inventaires de navîres de 1441, à côté des bombardes figurent toujours les grosses arbalètes à tour, les viretons, les dards, les lances longues et les armures complètes pour les mariniers.

On en était donc à peu près au même point qu'en 1379, à l'époque où fut livré le fameux combat naval de Chioggia, dans lequel les Vénitiens se servirent, contre les Génois, de bombardes faites de lames soudées et recouvertes d'une robe de douves en bois, jointes par de fortes ligatures en fer et en cordes : quelques-unes

Fig. 40. — Sceau de la ville anglaise de Boston (1575), où l'on voit figurée la *hune* à l'extrémité du mât.

de ces grossières machines à feu éclatèrent au premier coup tiré; une seule a survécu, qui est aujourd'hui à l'arsenal de Venise, où elle marque la première tentative dans l'art de lancer des balles de pierre ou de fer avec un tube où s'enflammait le salpêtre mêlé au soufre et au charbon.

Il fallut plus d'un siècle encore pour que l'artillerie navale prît une certaine importance, et ce fut seulement vers la fin du seizième siècle que Brantôme put attester qu'il avait vu dans la Méditerranée un galion, appartenant au grand-duc de Toscane, Cosme Ier de Médicis, et qui portait 200 pièces d'artillerie.

Armés d'abord d'un éperon de fer (fig. 41), et plus tard de trois ou cinq bouches à feu battant de front, les navires à rames du moyen âge et ceux du seizième siècle allaient toujours au combat en présentant la proue à l'ennemi ; aussi l'ordre de bataille était-il généralement une ligne droite ou courbe, formée par les navires rangés l'un à côté de l'autre, l'éperon en avant.

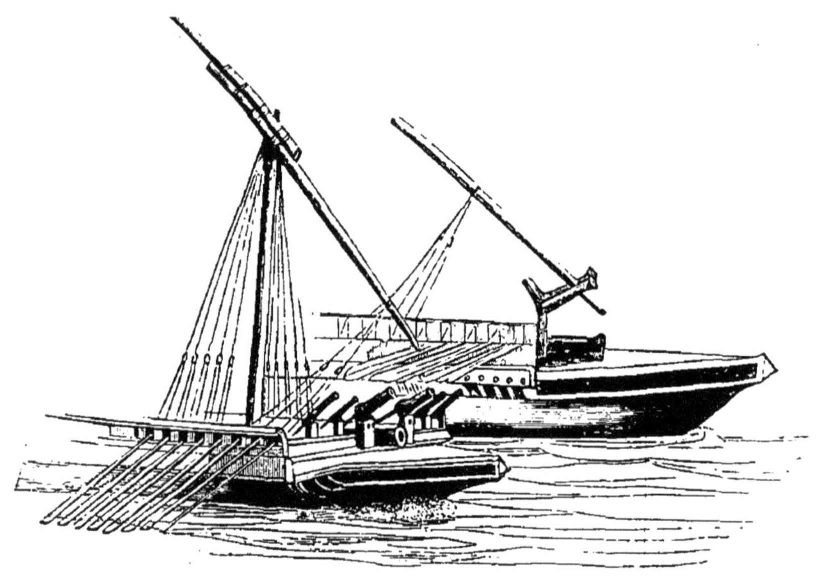

Fig. 41. — Proues de galères, armées de l'éperon ; d'après les dessins de Breugel le Vieux, gravés par Fr. Huys (1550).

L'ordre de bataille en demi-lune, que les anciens avaient connu, était employé pour les grandes flottes. A Lépante (fig. 42), par exemple, la flotte chrétienne formait une demi-lune peu courbée, partagée en quatre corps d'armée, savoir : pour la bataille ou le centre, les deux ailes ou cornes, et le corps de réserve. Devant chaque corps composant la ligne semi-circulaire, se tenaient deux à deux, pour engager le combat, 6 galéasses, qui n'avaient pas moins de 160 pieds de longueur, 27 de largeur et 15 de haut, et qui firent, avec leur puissante artillerie, un très grand mal à la flotte ottomane. Avant que ces galères gigantesques eussent été imaginées, on plaçait, sur le front de bataille, un certain nombre de vaisseaux ronds, rangés en ligne droite, qui devaient supporter le premier choc. Quelquefois, outre cette avant-garde de bâti-

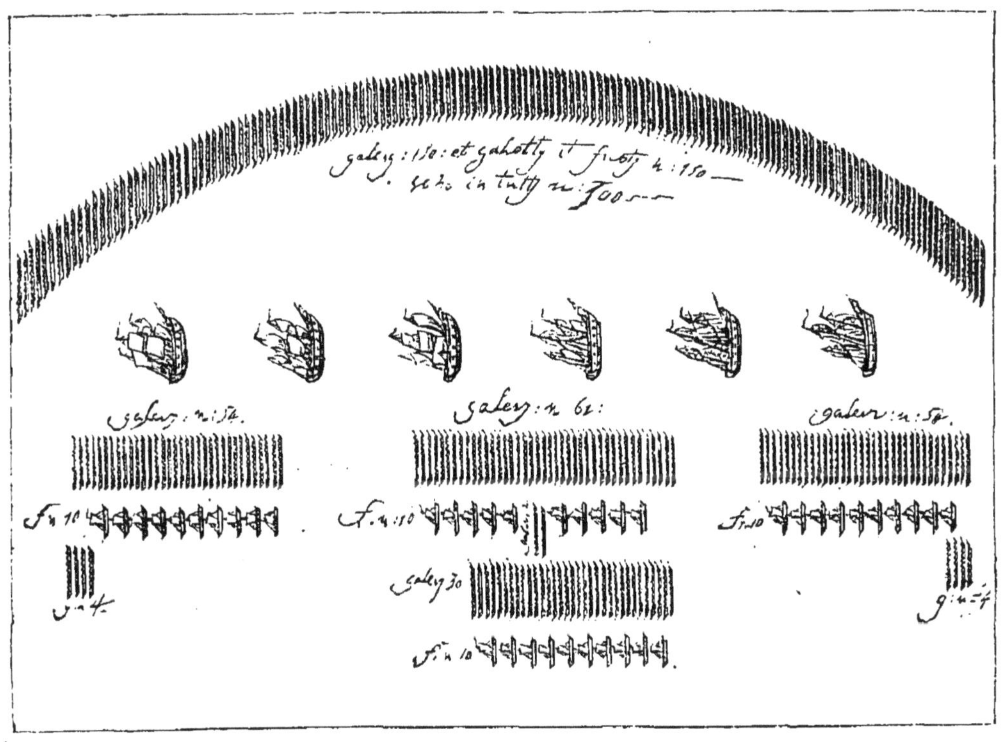

Fig. 42. — Plan de la bataille navale de Lépante ; d'après le dessin tracé à la main par don Juan, conservé aux archives de Simancas, en Espagne.

ments à voiles, on disposait des nefs sur les ailes, et les plus fortes du côté où l'on prévoyait que la mêlée pouvait devenir plus terrible. Quant aux petits navires, ils formaient une ligne en arrière, toujours prêts à se porter alternativement au secours des galères menacées.

Au onzième siècle, à la bataille de Durazzo, les nefs vénitiennes, pressées par la flotte italo-normande de Robert Guiscard, duc de

Pouille et de Calabre, et ne pouvant gagner la terre parce que le vent tombait, se rangèrent en une ligne de front et se lièrent ensemble, laissant entre elles un intervalle, afin que, par ces espèces de créneaux, sortissent et rentrassent tour à tour les petits bâtiments légers et à rames, qui devaient harceler l'ennemi : ordre de bataille qu'on pourrait appeler *de pied ferme,* et qui n'était pas nouveau, puisqu'il reproduisait une tactique inventée ou inaugurée par Scipion, aux temps de Rome antique.

Quand l'artillerie de marine se fut un peu plus développée, une flotte composée de nefs, acceptant le combat contre des galères, se présentait toujours de flanc, parce que les nefs, armées d'une double rangée de canons sur les côtés, pouvaient faire plus de mal aux bâtiments à rames, en leur envoyant des bordées. Néanmoins, cet ordre de bataille ne fut pas toujours rigoureusement observé dans les manœuvres, surtout quand les navires étaient pourvus de pièces de gros calibre, placées à la proue (fig. 43), à cause de leur poids.

A l'origine, dans un simple but de conservation des bois, les constructeurs et les armateurs couvraient d'une couche de résine ou de poix toutes les parties du navire exposées à l'action de l'air et de l'eau; mais cette teinte sombre et uniforme n'était pas suffisante pour la satisfaction des yeux. Une couleur brillante et variée, préparée avec de la cire, vint se superposer à l'enduit conservateur; la céruse, le minium et le vermillon firent de splendides parures aux bâtiments de luxe, tandis que les embarcations des pirates et certains vaisseaux de guerre ou d'exploration, pour n'être pas aperçus à distance, se déguisaient sous une couleur verte qui devait se confondre avec celle de la mer. L'or étincela sur les nefs des personnages opulents, et le ciseau des statuaires ajouta des figures et des tableaux en relief à l'ornement des proues et des poupes.

A cet égard encore, le moyen âge gardait les traditions anti-

Fig. 43. — Galère pontificale à voiles et à rames, pourvue de grosses pièces, dessinée par Breugel le Vieux et gravée par F. Huys. XVIe s.

ques. Le caprice des maîtres de navire et la mode du temps variè-
rent à l'infini les peintures navales. Ainsi, le dromon sarrasin pris

à l'abordage par Richard Cœur de Lion avait un côté vert, l'autre jaune. Gênes peignit d'abord ses nefs en vert; mais, à dater de 1242, pour aller combattre la flotte des Pisans, elle les revêtit de blanc, en les semant de croix vermeilles, « croix de gueules sur fond d'argent » : c'était l'écu de « Monsieur saint Georges ». Le rouge fut d'ailleurs, au seizième siècle, la couleur généralement adoptée pour peindre la coque des vaisseaux; quelquefois le blanc et le noir s'y mêlèrent en fleurons, en rinceaux, en lignes variées; quelquefois le fond était noir, les ornements gardant seuls l'éclat du vermillon.

En 1525, quand François Ier, fait prisonnier à la bataille de Pavie, fut conduit à Barcelone, les galères qui transportèrent le roi captif et sa suite reçurent, à cette occasion, une peinture noire, qui enveloppait tout, du sommet des mâts à la flottaison. On avait déjà vu, auparavant, les navires prendre le deuil, en certaines circonstances douloureuses. Ainsi, au quinzième siècle, les voiles, les bannières, les flammes, les tendelets, les rames, aussi bien que la coque du navire, affectaient cette·sombre couleur, sous laquelle les chevaliers toscans de Saint-Étienne firent disparaître les brillantes peintures de leur *capitane*, qui ne devait recouvrer la magnificence de sa décoration que le jour où cet ordre de chevalerie militaire aurait reconquis sur les Turcs une galère qu'il avait perdue dans un combat, glorieux d'ailleurs pour ses défenseurs.

Les navires du moyen âge, comme ceux de l'antiquité, eurent des voiles d'or et de pourpre. Les voiles des nefs seigneuriales portaient d'habitude l'écu armorié du seigneur (fig. 44 et 45), tout resplendissant des plus vives couleurs; les voiles des navires marchands et celles des bateaux pêcheurs, l'image d'un saint, la figure protectrice de Notre-Dame, une légende pieuse, un mot sacramentel, un signe sacré, propre à conjurer les influence des méchants esprits, qui jouaient un rôle considérable dans les légendes des gens de mer.

Certaines voiles servaient d'abord à faire des signaux en mer; mais l'on ne tarda pas à employer les enseignes pour cet usage. Un seul étendard, qui changeait de signification selon la place où il était arboré sur le bâtiment, suffisait d'habitude à transmettre

Fig. 44. — Sceau d'Édouard, comte de Rutland (1395).

tous les ordres nécessaires pendant le jour; la nuit, des fanaux allumés le remplaçaient. Ces étendards, bannières, flammes et pennonceaux, dont la plupart offraient les armes peintes d'une ville, ou d'un roi, ou d'un amiral, étaient faits en toile légère, en taffetas ou en satin; carrés, triangulaires ou fourchus, ils avaient des valeurs et des places différentes, soit pour l'ornement du navire, soit pour le service des manœuvres.

A bord des galères, il y avait, en outre, de petits pennons ou *flambes*, qu'on attachait aux extrémités des antennes et des rames : garnitures de luxe auxquelles on ajoutait souvent des franges d'or ou de soie.

Parmi les étendards et pavillons les plus célèbres dans notre marine militaire, il faut citer les *baucents*, dont le nom rappelait le *Bauséant*, bannière des chevaliers du Temple. Ces étendards, en forme de flammes fourchues, faits de taffetas rouge et parfois « battues à or », n'étaient employés que pour les guerres d'extermination, car, dit un document de 1292, ils signifient « mort sans remède et mortelle guerre en tous les lieux où mariniers sont ». En 1570, Marc-Antoine Colonna arbora, sur sa galère capitane, une enseigne de damas cramoisi, qui portait sur ses deux faces un Christ en croix, avec les figures de saint Pierre et saint Paul, et la devise du *labarum* de Constantin : *In hoc signo vinces* (Par ce signe tu vaincras). La bannière que don Juan d'Autriche reçut à Naples, le 14 avril 1571, avec le bâton de commandement suprême de la ligue chrétienne, était en damas cramoisi à franges d'or ; on y avait brodé, outre les armes du prince, un crucifix avec les armes du pape, du roi d'Espagne et de Venise, réunies par une chaîne symbolisant l'union des trois puissances catholiques « contre le Turc ».

Les Normands, ou les hommes du Nord, n'avaient pas eu moins de passion que les peuples de la Méditerranée pour ces bannières brillantes : leurs navires se pavoisaient en signe de joie quand ils partaient pour une expédition de guerre, ou quand ils célébraient une de leurs victoires de pirates. Le poète Benoît de Sainte-More nous représente ainsi les barques de Rollon remontant la Seine jusqu'à Meulan, avec 700 enseignes de couleurs variées.

Le moyen âge avait adopté pour ses vaisseaux toutes sortes d'ornements capricieux ; la renaissance en renouvela le goût et enchérit à la fois sur l'antiquité, dont elle s'inspirait, et sur le treizième siècle, qu'elle semblait vouloir faire oublier (fig. 46). « Une galère, » dit le savant Jal dans son *Archéologie navale,* « est alors une sorte de bijou qu'on livre au génie comme on donne un morceau de métal à Benvenuto Cellini. » Le sculpteur, le peintre et le poëte unissent leurs talents pour orner une poupe de navire. On ne saurait citer de plus frappant exemple de cette re-

Fig. 45. — Nef seigneuriale; d'après le sceau de Richard, duc de Glocester (1467).

cherche de l'art dans les constructions navales que la galère espagnole qui avait été construite, en 1568, par ordre de Philippe II, pour son frère don Juan d'Autriche, auquel il confiait le commandement de la flotte destinée à combattre les Morisques, c'est-à-dire les États barbaresques d'Afrique.

La carène du navire était toute peinte en blanc, couverte d'écus aux armes royales d'Espagne et aux armes particulières de don Juan. Le prince étant chevalier de la Toison d'or, et l'expédition aventureuse qu'il entreprenait pouvant offrir autant de péril que celle des Argonautes, l'histoire de Jason et de la nef Argo avait été représentée en sculpture peinte, à l'arrière, au-dessus du gouvernail; ce poème figuré avait pour accompagnement quatre statues symboliques : la Prudence, la Tempérance, la Force, la Justice, surmontées d'anges portant les symboles des vertus théologales. A la poupe, on voyait, d'un côté, Mars vengeur, Mercure l'éloquent, Ulysse se bouchant les oreilles pour résister aux séductions des Sirènes; de l'autre côté, Pallas, Alexandre le Grand, Argus, Diane, entre lesquels on avait mis des tableaux qui contenaient tantôt une leçon morale à l'adresse du jeune amiral, tantôt un éloge délicat de Charles-Quint, son père, ou de Philippe II, son frère. Tous ces emblèmes étaient autant de chefs-d'œuvre de dessin et de sculpture, que relevaient encore l'or, l'azur et le vermillon de leur encadrement.

On a sans doute remarqué, dans la description sommaire que nous venons de donner, le mélange bizarre des allégories chrétiennes et païennes. C'est un fait qui accuse le mouvement antireligieux des idées de la renaissance, et qui présente un fidèle reflet de l'altération des mœurs et des croyances. Au moyen âge, les gens de mer, ainsi que toutes les classes de la société, étaient dominés par l'esprit de foi, mais ils y mêlaient aussi des craintes superstitieuses. Comme de nos jours, ils croyaient sincèrement en Dieu et professaient une grande dévotion à la Vierge (fig. 47); ils invoquaient, dans le péril surtout, tous les saints qui ont la réputation de s'intéresser aux navires ou aux marins, et, malgré cette dévotion qui leur était naturelle, ils se laissaient entraîner à des superstitions puériles, confondant les enseignements de la foi orthodoxe avec de vaines imaginations. Le matelot a toujours été crédule : c'est son cerveau troublé qui a créé tant d'êtres et d'animaux fantastiques, que les marins prétendent avoir vus dans leurs navigations et qu'ils donnent pour hôtes au mystérieux Océan.

Les sirènes de l'antiquité, les monstres de Charybde et Scylla ont été bien dépassés dans la légende moderne, où l'on voit appa-

Fig. 46. — Vaisseau de guerre du XVIe siècle; dessiné par Guillaume Barendsz et gravé par Cl. Visscher.

raître le *kraken*, poulpe gigantesque qui entraîne dans l'abîme les plus gros navires, et le poisson-évêque, qui, la tête couverte d'une mitre, bénit les naufragés avant que de les dévorer, et la *main noire*, qui, au temps de Colomb, était encore figurée sur des cartes marines, comme fermant la *mer ténébreuse*, et des diables sous les formes les plus hideuses, tels que celui qui, aux yeux de toute la flotte française allant en croisade assiéger l'île de Metelin, du temps de Louis XII, happa et engloutit certain matelot débauché, lequel, en jouant aux dés, avait « bravé et défié la mère de Jésus » etc.

Fig. 47. — « Du noyé en la mer »; d'après un ms. du XIIIᵉ siècle intitulé *les Miracles de la sainte Vierge*. Bibl. du séminaire de Soissons.

Les blasphémateurs étaient nombreux parmi les gens de mer; en dépit des lois de l'Église et de l'Amirauté, ils conservaient la vilaine habitude de s'engager par les serments les plus terribles : ils juraient à tout propos, par le pain, le vin et le sel, qui pour eux symbolisaient les éléments de la vie, comme ils avaient juré sur leur âme, ce que les ordonnances de mer leur défendaient sous les peines les plus sévères.

Le matelot du moyen âge avait cependant bien motif de se garder de blasphémer ouvertement, car, l'injure faite à la Divinité paraissant à cette époque plus criminelle que les attentats contre les hommes, l'amende, le fouet, et jusqu'à la peine de mort, pouvaient être infligés aux blasphémateurs; tandis que nous voyons au treizième siècle le code danois infliger au voleur une peine relativement légère : il devait avoir la tête rasée, enduite de poix et couverte de plumes, au milieu de l'équipage, dont chaque homme lui donnerait un coup de bâton ou de pierre, après quoi on se bornait à le chasser du bord.

III.

LA MARINE DEPUIS RICHELIEU JUSQU'A LA RÉVOLUTION.

A vrai dire, la marine française n'existait pas à l'avènement d'Henri IV, qui n'en avait pas besoin pour faire face à la marine espagnole, puisque son alliance avec la reine Élisabeth lui assurait, au besoin, l'appui de la marine anglaise.

L'Angleterre, dès cette époque, s'attribuait la souveraineté de l'Océan, comme l'Espagne celle de la Méditerranée. Henri IV n'eut que trop conscience de sa faiblesse vis-à-vis de la puissance navale de ses alliés. Lorsque Sully, qui allait en ambassade extraordinaire à Londres, se fut embarqué à Calais sur un petit navire portant le pavillon du roi de France, il rencontra en mer une *ramberge,* gros bâtiment, que le roi Jacques Ier envoyait à la rencontre de l'ambassadeur, pour lui faire honneur et le conduire au port de Douvres; mais le capitaine de cette ramberge somma son collègue de mettre son pavillon bas, sous peine de le couler. Sully se plaignit amèrement d'un pareil accueil, en se voyant forcé d'obtempérer à l'injonction du capitaine anglais, qui s'excusa de son acte brutal, en disant que s'il avait reçu l'ordre d'honorer en la personne de Sully la qualité d'ambassadeur, il n'en était pas moins obligé de faire rendre au pavillon de son maître l'honneur qui était dû au souverain de la mer. Sully, dans une lettre à Henri IV, du 15 juin 1603, s'efforça d'atténuer l'outrage que le pavillon du roi avait reçu.

Il n'y avait pas un seul vaisseau armé, dans nos ports, à la mort d'Henri IV.

La situation était la même en 1624, quand les huguenots de la Rochelle, qui s'étaient emparés de quelques vaisseaux que le duc de Nevers avait équipés par ordre du roi, sous prétexte de les employer contre les Turcs, armèrent ces navires et y ajoutèrent d'autres bâtiments légers, pour ravager les côtes de la Normandie. « Bien que le sort de la marine eust esté jusqu'alors tellement abandonné, qu'elle n'eust pas un seul vaisseau, » dit le cardinal de Richelieu dans sa *Succincte narration des actions du Roy*, « elle se conduisit avec tant d'adresse et de courage, qu'avec ceux qu'elle put amasser de ses sujets, 20 de Hollande et 7 *roberges* (ramberges) d'Angleterre, elle défit l'armée que les Rochellois avoient mise en mer. »

C'est alors que Richelieu, sans songer à rétablir la charge d'amiral de France à son profit, se fit nommer, par le roi, grand maître et surintendant général de la navigation et du commerce, pour avoir le droit de reconstituer une marine. En moins de deux ans, il fit construire des vaisseaux (fig. 48) et établit à Brouage, au Havre, à Marseille, des fonderies de canons pour les armer. Quand tout fut prêt, il résolut de réduire la Rochelle en assiégeant à la fois cette ville par terre et par mer. Le cardinal se réserva la partie la plus importante de cette double opération. « Il s'agissait, » dit Bazin, « de fermer la mer, d'une part aux Rochelais, de l'autre aux secours qui pourraient leur arriver, soit des Anglais, soit de leur propre marine, qui sortait librement et rapportait chaque jour de ses courses des munitions enlevées à l'armée du roi. Un ingénieur italien avait proposé de le faire au moyen d'ouvrages flottants, dont il donnait si peu de connaissance qu'il était impossible d'y avoir grande foi. On ne le laissa pas moins en faire l'expérience. »

Fig. 48 — La coque d'un grand navire, d'après W. Hollar. xviie s.

Mais, en même temps, le cardinal s'attacha à l'exécution d'un autre projet, présenté par Clément Metezeau, architecte du roi, et Jean Thiriau, maître maçon de Paris. « C'était une digue en pierre, qui devait tenir toute la largeur de la rade en s'appuyant de chaque côté sur un fort, et laisser entre ses deux branches une ouverture pour la marée. Cette digue, étant hors de portée du canon des Rochelais, n'avait à redouter que les flots et une attaque par mer. Pour aviser à ce dernier péril, on fit venir la flotte

du roi, commandée par le duc de Guise. » Commencée à la fin
de l'automne de 1627, la digue gigantesque (740 toises de long),
plusieurs fois détruite par de furieuses tempêtes, fut achevée au
printemps suivant. Après une première tentative pour délivrer la
Rochelle, les Anglais envoyèrent une flotte, comptant 140 voiles
et 8,000 hommes de débarquement (septembre 1628). Ce nouvel

Fig. 49. — Sceau de la Rochelle (1357).

effort n'aboutit qu'à les convaincre de leur impuissance : leurs
brûlots s'échouèrent contre les falaises, et le retour de la marée
remporta leurs vaisseaux. Dans l'impossibilité de soutenir plus
longtemps la lutte, la ville rebelle fut forcée de capituler un mois
plus tard.

Richelieu voulut aussi organiser l'armée navale et régler les choses de la discipline. Il institua des écoles publiques d'artillerie de
marine, de science nautique, rappela tous les marins français qui
étaient à la solde de l'étranger, défendit à tout sujet du roi de prendre du service maritime en dehors du royaume, et ordonna qu'à
l'avenir une flotte de 50 vaisseaux bien armés et équipés (fig. 50),

outre des pataches et d'autres bâtiments de petite dimension (fig. 51),
serait chargée constamment de veiller à la sûreté des côtes de France
et de fournir des escortes aux navires de commerce. « Il semble, »
disait-il dans le recueil de réflexions politiques qu'on appelle son
Testament, « il semble que la nature ait voulu offrir l'empire de

Fig. 5o. — Navire de guerre calfaté; d'après Danker Danckerts. XVIIe s.

la mer à la France, pour l'avantageuse situation de ses deux côtes, également pourvues d'excellents ports aux deux mers Océane
et Méditerranée. »

La flotte n'avait pas de code écrit : la marine militaire, comme
la marine marchande, était régie par d'anciennes coutumes dont
la tradition faisait toute l'autorité. Le cardinal confia à une commission le soin de rédiger un règlement, qu'il approuva et qui

fut connu sous le titre d'Ordonnance de 1634. Afin de réduire à l'obéissance « des hommes de diverses humeurs, pour la plupart incivils et brutaux », on y avait introduit pour les moindres fautes des peines sévères, telles que les fers, la cale, le fouet et la bouline; la cale consistait à suspendre le coupable à une basse vergue et à le plonger plusieurs fois dans la mer; et la bouline, à le faire passer entre deux haies de matelots, qui le frappaient à coups de corde. Quiconque avait, par exemple, *pétuné* (fumé du

Fig. 51. — Galère Louis XIII, à la rame, avec les voiles carguées

tabac) après le coucher du soleil, ou battu un camarade, était calé trois fois et courait la bouline. En cas de meurtre, on attachait le mort et le vivant dos à dos et on les jetait à la mer.

La marine de l'État fut divisée en deux flottes : l'une pour l'Océan, composée de gros vaisseaux; l'autre pour la Méditerranée, mais destinée surtout à opérer contre les forces maritimes de l'Espagne, cette dernière flotte réunissant un grand nombre de galères et de bâtiments légers. En 1638, 9 de ces galères, commandées par M. de Sourdis, archevêque de Bordeaux et chef de l'armée navale de France, forcèrent 14 galions espagnols et 4 grands vaisseaux à se réfugier dans l'anse de Guetaria, en

Biscaye, où ils furent tous brûlés ou coulés à fond, avec perte de 500 canons et de 4,000 hommes (fig. 52). Huit ou dix jours après, dans la Méditerranée, un autre combat, « peut-être le plus célèbre qui ait été donné, » au dire de Richelieu, fit honneur à M. de Pont-Courlay, qui, à la tête de 15 galères françaises, livra bataille devant Gênes à pareil nombre de galères espagnoles et remporta une éclatante victoire.

Fig. 52. — Galère attaquant un grand navire; d'après Israël Silvestre. xviie s.

Dans l'Océan, la flotte eut aussi l'occasion de se distinguer; mais le plus fameux des vaisseaux de ce temps-là, nommé *la Couronne,* ne paraît pas avoir figuré dans ces affaires. Il était très bon voilier, quoique ayant 200 pieds de longueur et 46 de largeur, avec une épaisseur de bois considérable, et portant 72 pièces de canon. « Bien que vos prédécesseurs, » dit Richelieu dans sa *Succincte narration des actions du Roy,* « aient méprisé la mer, jusqu'à ce point que le feu roy vostre père n'avoit pas un seul vaisseau, Vostre Majesté n'a pas laissé d'en avoir, en la mer Méditerranée, pendant le cours de cette guerre de 1638, 20 galères et 20 vaisseaux ronds, et plus de 60 bien équipés en Océan. » Le port de Brest date aussi du ministère de Richelieu, ainsi que la composition des équipages et la création du régiment des Vaisseaux.

Richelieu ne s'était pas vainement flatté d'augmenter encore la marine française, avec une dépense annuelle de 2,500,000 livres, car, peu de mois avant sa mort, d'après un état contemporain des forces militaires de la France, le roi avait 35 galères et 60 vaisseaux ronds, prêts à prendre la mer. Ce nombre diminua beaucoup pendant les troubles de la minorité de Louis XIV, puisqu'il n'y avait plus, en 1649, que 25 galères et 30 vaisseaux de haut bord. La ruine de la marine ne fit que s'accuser davantage sous le ministère du cardinal Mazarin, qui l'avait laissée tomber dans l'abandon le plus déplorable. A sa mort, en 1661, il ne restait plus que 8 vaisseaux capables de tenir la mer, et l'artillerie de marine se trouvait réduite à 570 pièces de canon de fonte et 475 de fer. En 1664, pour faire l'expédition de Gigery, sur la côte d'Afrique, on eut bien de la peine à armer 15 ou 16 vaisseaux, en y ajoutant des vaisseaux de Malte et de Hollande.

La marine dépendait alors du département des affaires étrangères; Colbert, en 1663, l'acheta au comte de Lionne, et jusqu'en 1669, où il en fut particulièrement chargé, il dut soumettre ses décisions à la signature du ministre.

Depuis dix ans, on n'avait jamais vu en mer plus de 2 ou 3 vaisseaux de guerre français; le nombre total en était réduit à une vingtaine; les capitaines, par une longue cessation de service, avaient perdu toute expérience; beaucoup de matelots étaient passés à l'étranger. Quant aux galères, elles ne valaient pas mieux (fig. 53). Tout manquait et tout était à créer. La France n'avait ni arsenaux, ni bois de construction, ni matériaux, ni munitions, ni approvisionnements, pour faire des flottes; pas d'ancres, pas de cordages, pas de voiles, pas d'artillerie de marine. On eut recours à l'étranger, surtout à la Hollande. Une fonderie de canons fut instituée à Amsterdam, avec l'autorisation du gouvernement des Provinces-Unies; on y construisit 12 vaisseaux de ligne et on en acheta 32.

Fig. 53. — Galère française, du temps de Louis XIII ; d'après le dessin d'Étienne de la Belle.
(xviiᵉ siècle.

En outre, on appelait de Hollande, de Suède, de Riga, de Hambourg, de Dantzig, des charpentiers, des forgerons, des cordiers, des tisserands, qui formèrent des élèves.

La marine militaire ne prit tout son essor que lorsqu'elle passa, en 1669, sous l'administration de Colbert. En trois années, le nombre des vaisseaux fut porté à 196, dont 119 de haut bord, 22 frégates et 55 bâtiments légers; plus de 60,000 matelots furent classés, c'est-à-dire qu'on substitua le système des *classes* au ré-

gime violent de la *presse* ou enrôlement forcé; l'école des gardes-
marine fut établie, l'infanterie de marine organisée d'une façon
permanente. Sur les bords de la Charente, à quelques lieues de
l'Océan, le port de Rochefort fut commencé (1663). « Tout était
à faire, » dit M. Gaillardin, « l'enceinte, les rues, les habitants,
aussi bien que l'arsenal, le port, les formes de radoub et la corde-
rie; ce ne sera pas le moins brillant des succès de Colbert que la rapidité de l'exécution accomplie en six ans. » Au Havre, qui avait
été délaissé, on répara les murs et les écluses, on rétablit les communications avec le port. « Brest n'avait encore qu'un petit arsenal, et tout dégarni. Nul ne s'était jamais douté de la valeur de
cette rade fermée, d'une circonférence de 9 lieues; pour toute population fixe, 50 habitants, si l'on en croit un document officiel.
Du Quesne (fig. 54) fut envoyé à Brest avec l'autorité administrative
et militaire, et une compagnie d'ingénieurs arrêta les travaux à
entreprendre. » Dès 1687, on vit manœuvrer dans cette rade
50 vaisseaux de guerre (fig. 55). Toulon fut agrandi et fortifié après
un incendie. A Dunkerque, un banc de sable fut coupé par un large
canal, et de ce port, si longtemps abandonné aux pêcheurs, allaient
sortir les escadres de Jean Bart.

Mais le zèle du roi pour la marine se ralentit bientôt et n'ap-
procha jamais de son empressement pour l'armée de terre. Si la
lenteur des résultats satisfaisait peu l'impatience de Louis, il laissa,
du moins, agir son ministre. Celui-ci, qui regardait, au contraire,
la marine comme la plus honorable de ses attributions, mit à
l'organiser toute sa passion pour la grandeur de la France. « Un
conseil de marine et un conseil de constructions navales furent
institués à Paris, » dit M. Cheruel, « pour éclairer le ministre de
leurs avis. Des ordonnances multipliées et entrant dans les détails
les plus minutieux réglèrent l'approvisionnement des vaisseaux,

la garde des arsenaux, la discipline des équipages, le payement
des matelots au retour de chaque expédition, la visite des vaisseaux
par les intendants maritimes. « Trois hôpitaux spéciaux furent

Fig. —. Abraham Duquesne (1610-1688), d'après Larmessin. (Phot. —)

fondés, à Toulon, Brest et Rochefort. Le budget de la marine,
porté à 3 millions, fut augmenté d'année en année jusqu'à s'é-
lever à 13 millions en 1670.

L'ordonnance de marine, rendue en 1681, après douze ans de
travaux préparatoires, fut le couronnement de l'édifice élevé par
Colbert. « Elle conserva la juridiction spéciale des tribunaux

nommés *amirautés* avec les différents sièges qui en dépendaient, et fixa les formes de leur procédure; elle détermina également les attributions des consuls français en pays étranger, le rang et les fonctions des capitaines, aumôniers, écrivains, pilotes, contre-

Fig. 55. — Avant du *Foudroyant*, construit à Brest et lancé en 1694.

maîtres, chirurgiens, etc. La même ordonnance traite des contrats maritimes, de la police des chargements, du fret, des assurances, des avaries, des prises, des lettres de marque, des testaments de matelots; en un mot, de toutes les questions qui pouvaient donner lieu à un procès devant l'amirauté. La police des côtes, des ports et des havres, les fonctions des maîtres de quai, des pilotes, des gardes-côtes, enfin les droits de pêche, sont aussi réglés avec la

même précision. » Cette ordonnance eut, en quelque sorte, pour
complément celle de 1689 sur la marine militaire. Beaucoup des

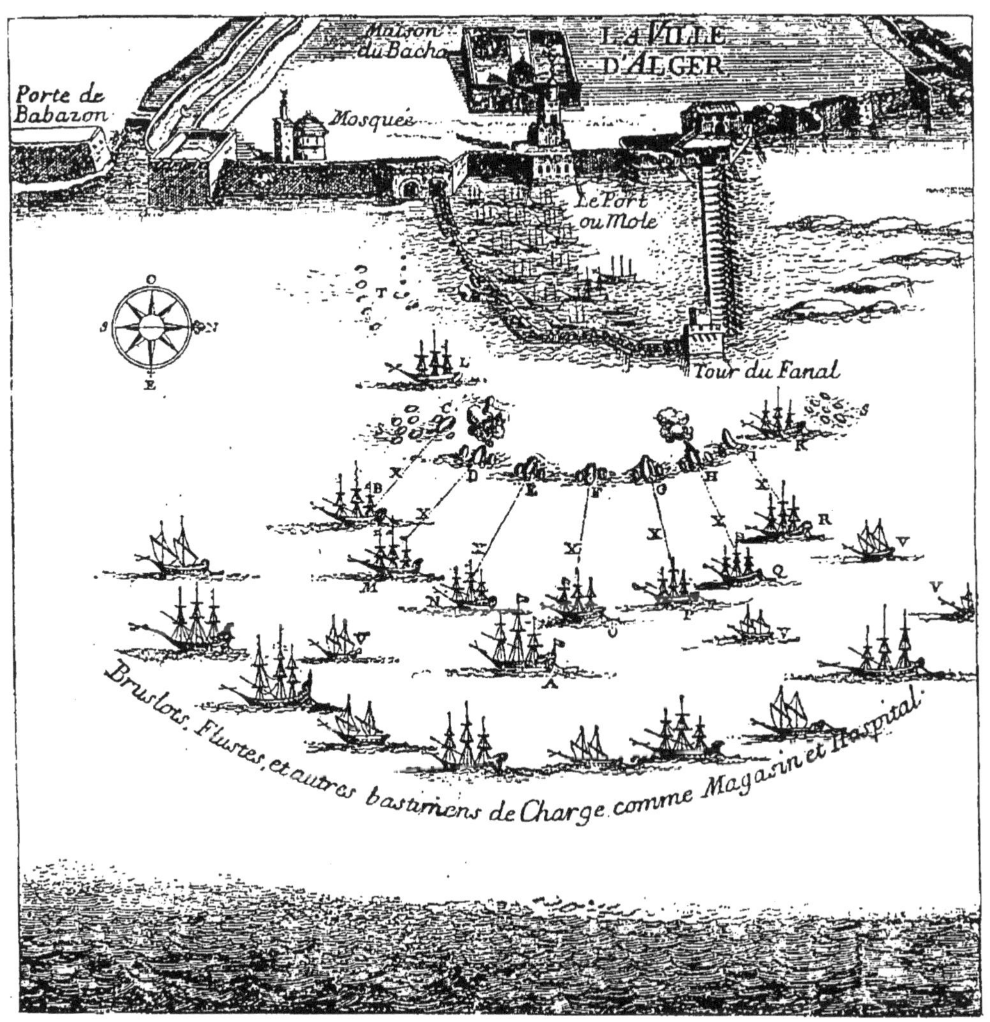

Fig. 56. — Ordre des vaisseaux pour le bombardement d'Alger, en 1683 ;
d'après une gravure de l'époque.

dispositions contenues dans l'une et l'autre ont été conservées par
la législation actuelle.

A sa mort (1683), Colbert eut un digne successeur dans son fils,
le marquis de Seignelay, qu'il avait pour adjoint, depuis 1672, au

département de la marine. Il y avait alors en France 176 vaisseaux de tout rang. Seignelay continua avec zèle l'œuvre paternelle ; mais la jalousie de Louvois, d'une part, ne lui permit pas de faire tout ce qu'exigeait l'intérêt public, et, de l'autre, la révocation de l'édit de Nantes enleva à la flotte un grand nombre de matelots. Avec les deux Pontchartrain fut consommée en peu de temps la ruine de notre puissance maritime, et vers la fin du règne de Louis XIV, on pouvait voir les débris de nos flottes pourrir dans les ports et 369 navires rester inachevés dans les chantiers de contruction.

Cependant, le grand et patriotique effort de Colbert n'avait pas été inutile au triomphe de nos armes; la marine royale ajouta plus d'une glorieuse page à la liste de nos victoires ou de nos conquêtes. A côté des Condé, des Turenne, des Villars et des Catinat, brillèrent d'une gloire non moins bien acquise les noms des amiraux et chefs d'escadre : d'Estrées, Vivonne, Châteaurenault, Pointis, Forbin, Tourville, du Quesne, du Guay-Trouin, Jean Bart, qui soutinrent mainte lutte héroïque contre les trois plus grandes puissances maritimes de l'Europe, la Hollande, l'Angleterre et l'Espagne. Ce fut à l'école des marins anglais que les Français s'exercèrent d'abord aux évolutions navales, et ils y firent tant de progrès, qu'on fut étonné de l'habileté de leurs manœuvres aux combats de Stromboli et d'Agosta (2 janvier et 22 avril 1676), livrés par du Quesne dans les eaux de Sicile, ainsi qu'à la victoire de Palerme, où Vivonne, un mois plus tard, fit perdre à l'ennemi 15 navires et 6,000 hommes.

Une des opérations les plus hardies de cette époque fut le bombardement d'Alger en 1683 et en 1688. Un jeune officier, Renau d'Éliçagaray, fit recevoir, par l'intermédiaire de Colbert, le projet de bombarder la ville avec des mortiers installés à bord de bateaux

Fig. 5. — Bombardement d'Alger par mer en 1683, d'après une gravure du XVIIe siècle.

plats, nommés *galiotes*. Le succès dépassa même les espérances (fig. 56 et 57), et les galiotes à bombes eurent le principal honneur de l'expédition. On en construisit un certain nombre, et on forma, pour les servir, un corps de bombardiers. D'après les plans de Renau, l'on abandonna les bâtiments légers pour n'en faire que de grands, et il exposa de nouvelles évolutions navales, des signaux et des ordres de bataille, qui furent en grande partie adoptés.

En 1692, Louis XIV voulut tenter une entreprise décisive en faveur de Jacques II en opérant une descente en Angleterre. Des troupes furent réunies entre Cherbourg et la Hougue, et plus de 300 bâtiments de transport étaient prêts à Brest; Tourville devait les escorter, après avoir été rallié par l'escadre de d'Estrées, qui ne put le joindre. Un ordre exprès du roi lui ayant prescrit d'attaquer, « fort ou faible, » il s'avança au large de Barfleur, avec 44 vaisseaux contre 90, montés par l'élite des marins d'Angleterre et de Hollande (29 mai). Le combat se soutint d'abord avec un égal avantage; tout à coup le vent changea et jeta les alliés en masse sur les Français. Ils devenaient trop nombreux; Tourville recula avec honneur. Grâce à cette fermeté, plus des deux tiers de sa flotte s'évadèrent vers Brest par des passages où l'on n'osa les poursuivre, et lui-même, avec les 12 qui restaient, se replia sur la baie de la Hougue. Le maréchal de Bellefond, qui avait le commandement en chef, donna ordre de les faire échouer, et l'ennemi, ne craignant plus de résistance, détacha des chaloupes pour y mettre le feu, spectacle lamentable auquel le roi Jacques assista avec la plus complète indifférence.

De ce désastre ne date pourtant pas, comme on l'a répété, la décadence de notre marine, car, l'année suivante, Tourville prenait sur l'amiral Rooke une éclatante revanche, en détruisant 8 navires de guerre et toute une flotte marchande.

« A partir de cette époque, » dit M. du Sein, « des idées nouvelles et l'épuisement du Trésor apportèrent des modifications con-

Fig. 58. — Jean Bart (1651-1702); d'après P. Schenck. XVIIᵉ s.

sidérables dans la guerre maritime; aux grandes flottes succédèrent de petites escadres. Sous la conduite de chefs aussi habiles
que braves, sortirent des ports de la Manche et de l'Océan des
divisions nombreuses, qui firent d'importantes captures, et bientôt

Dieppe, Bayonne, le Havre, Dunkerque, Saint-Malo se remplirent de riches dépouilles. » Cette dernière ville surtout avait fait subir des pertes énormes au commerce de Londres; les Anglais, n'ayant pu s'en emparer, tentèrent de la détruire au moyen d'une machine infernale qui fit écrouler 3oo maisons. Diverses attaques furent dirigées contre d'autres ports sans plus de succès ; Dieppe seule, bâtie en bois, fut réduite en cendres.

Dans les combats isolés de vaisseau à vaisseau ou d'escadre à escadre, les Français avaient presque toujours l'avantage; on sait que l'intrépide Jean Bart (fig. 58), monté sur de petits bateaux corsaires, ne craignait pas de s'attaquer aux vaisseaux anglais et hollandais, qu'il capturait de vive force et qu'il coulait en pleine mer, quand il ne pouvait les amener dans un port de France. Avec des forces ainsi réduites, la marine rendit encore bien des services, et il suffit de citer le beau fait d'armes de la prise de Rio-Janeiro, en 1710, par du Guay-Trouin.

Dans les premières années du règne de Louis XV, un des sacrifices faits à l'alliance anglaise, ce fut l'abandon de la marine. On eut de la peine à mettre en mer 22 bâtiments, en 1739, pour défendre les possessions de l'Espagne. Dans la guerre de la succession d'Autriche, on reconnut combien avait été pernicieuse l'économie du cardinal Fleury, qui avait persuadé Louis XV que son royaume n'était point appelé à jamais être une puissance maritime. A la mort de ce ministre (1743), son successeur Maurepas ne trouva dans les ports que 35 vaisseaux mal armés, et n'eut à sa disposition aucune somme pour en construire de nouveaux ou réparer les anciens. Toutefois, le pavillon français (fig. 59) ne parut pas sans quelque honneur sur les mers, notamment dans celle de l'Inde, où la Bourdonnais battit les Anglais et prit Madras. Mais, l'année suivante (1747), deux escadres, fortes de 9 et de 8 vaisseaux, furent prises presque en totalité, à la hauteur du cap Finistère, par ces mêmes Anglais.

La paix d'Aix-la-Chapelle procura un répit, pendant lequel on chercha à réparer les fautes passées et à refaire une marine nationale. En 1756, lorsque la guerre se ralluma avec l'Angleterre, la France possédait 63 vaisseaux, dont les deux tiers pouvaient sur-

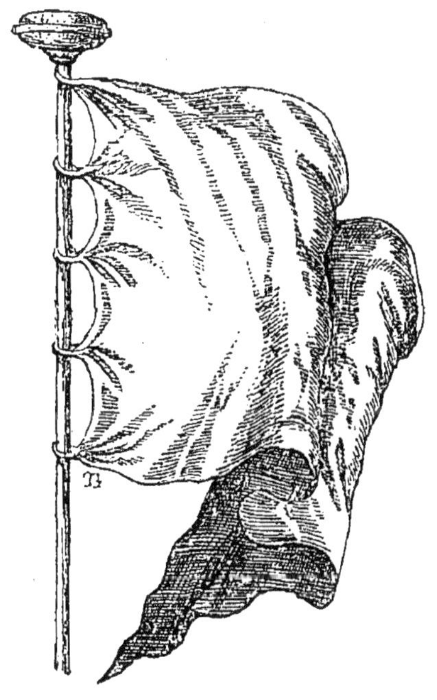

Fig. 59. — Drapeau blanc, pavillon royal de la marine.

le-champ entrer en ligne. On en forma trois escadres, l'une destinée à l'Amérique, les deux autres devant attendre, dans les rades de Toulon (fig. 60) et de Brest, le moment de se porter où leur action serait nécessaire.

L'escadre de Toulon sortit pour transporter dans l'île de Minorque, alors occupée par les Anglais, 12,000 hommes, commandés par le duc de Richelieu. Pendant que ce dernier assiégeait le port Saint-Philippe, elle dispersa la flotte de l'amiral Byng, qui avait pour but de secourir la place, et la força de rentrer en désordre à Gibraltar (20 mai 1756). Cet exploit, dû à l'habileté de la Galissonnière, fut suivi de fâcheux revers. Repoussés des côtes de Bretagne et de Normandie, où ils effectuèrent plusieurs descentes, les Anglais s'emparèrent de nos plus belles colonies et firent essuyer à nos forces navales d'irréparables échecs. La reddition de Chandernagor, la défaite, près du cap Sainte-Marie, de l'escadre de M. de la Clue, la déroute de Quiberon, où M. de Conflans, sans avoir tenté de soutenir la lutte, perdit un grand nombre de navires, la perte du Canada, la destruction de Pondichéry, l'occupation de Belle-Isle, tous ces désastres élevèrent nos pertes navales au chiffre de 37 vaisseaux de ligne et de 56 frégates.

Le ministre Berryer en profita pour vendre aux particuliers tout ce qui restait ainsi que le matériel des arsenaux. Comme la guerre n'était pas finie, les provinces, protestant contre l'abandon des mers, souscrivirent des sommes suffisantes pour construire 17 vaisseaux de ligne.

Afin de réparer les ruines qu'avait causées la guerre de Sept ans, M. de Choiseul donna ordre de construire 64 vaisseaux et 50 frégates ou corvettes, et acheta de la Compagnie des Indes, tombée en dissolution, la ville de Lorient, qui devint notre quatrième port militaire.

Parmi les ministres qui dirigèrent le département de la marine sous Louis XVI, M. de Sartine, l'ancien lieutenant de police, se montra le plus intelligent et le plus actif. Il hâta l'achèvement des vaisseaux sur chantier, en commanda de nouveaux, commença les travaux du port de Cherbourg, et appela au service de mer les officiers les plus distingués, entre autres MM. d'Orvilliers, de Grasse, d'Estaing, de Suffren; il mit sur pied les belles flottes qui prirent part à la guerre d'où sortit l'indépendance des colonies anglaises

Fig. 10. — Le port neuf ou l'arsenal de Toulon; d'après Joseph Vernet, XVIIIe s.

d'Amérique. Pendant quatre campagnes consécutives, les Anglais ne purent se prévaloir d'aucun de ces succès qui constatent définitivement la supériorité d'un des combattants sur l'autre; mais l'année 1782 fut signalée par une défaite qui fit pencher la balance en faveur de nos adversaires. M. de Grasse méditait d'enlever la Jamaïque; comme il se dirigeait vers cette île, il rencontra Rodney et Hood près du groupe des Saintes, et fut forcé d'accepter, avec des forces inférieures en nombre, un combat dont l'issue fut déplorable. Le vaisseau amiral *la Ville de Paris* fut pris, avec 6 autres, et le reste, fort maltraité, chercha un refuge à Saint-Domingue (12 avril 1782). Suffren, cinq fois victorieux dans le golfe du Bengale, releva un peu le prestige de nos armes.

Louis XVI, qui aimait les choses de la marine, profita des loisirs de la paix pour encourager les travaux utiles entrepris dans les ports de la Méditerranée et de l'Océan, et chargea la Peyrouse de faire un voyage autour du monde. Au moment où éclata la Révolution, la flotte comptait 72 vaisseaux à flot, 9 en construction, et 67 frégates (fig. 61), portant ensemble 8,632 bouches à feu et pouvant être montés par 70,000 hommes.

Depuis le seizième siècle, la composition du matériel naval n'avait guère changé : la marine était toujours composée de vaisseaux ronds et de vaisseaux longs ou galères.

Parmi les premiers, appelés aussi *vaisseaux de haut bord,* on distinguait au premier rang les vaisseaux de ligne, affectés spécialement au service de guerre; ils portaient de 60 à 120 canons et développaient deux ou trois étages de batteries, sans compter l'artillerie placée sur le pont. Ce fut au seizième siècle qu'on fit de

l'artillerie un emploi mieux entendu à bord des navires; elle ne commença à s'y loger, par des sabords régulièrement percés, que sous Richelieu. En 1696, *le Royal Louis,* vaisseau de 300 canons, avait, de chaque côté, 15 sabords à sa batterie basse, 16 à la seconde et 14 à celle d'en haut; il en avait 8 sur les gaillards. Puis venaient les *frégates,* qui furent d'abord de grandes chaloupes pontées, marchant à la voile ou à la rame. Celles que l'on construisit plus tard sur les chantiers du roi jaugèrent de 100 à 300 tonneaux, avec un nombre variable de bouches à feu, 10 au moins et 40 au plus; elles se recommandaient par une vitesse plus grande et faisaient surtout le service d'éclaireurs. Quant aux *flûtes, corvettes, bricks, goélettes,* etc., qui entrèrent, au dix-huitième siècle, dans la composition d'une flotte, ils pouvaient servir, suivant leur armement, comme navires de guerre ou de commerce. Mentionnons aussi les *galiotes à bombes,* dont nous avons vu le premier essai lors du bombardement d'Alger, et les *brûlots,* destinés à mettre le feu aux bâtiments ennemis, au moyen des matières incendiaires dont ils étaient remplis.

Les vaisseaux du seizième siècle étaient chargés de sculptures, de peintures et de dorures, et au dix-septième le luxe des décorations extérieures perpétua dans la marine cette tradition fastueuse. On sait que Puget, le célèbre statuaire, dirigea cette sorte de travaux dans l'arsenal de Toulon. Mais on s'aperçut bientôt qu'on alourdissait beaucoup les bâtiments par la grandeur et la multiplicité des figures. Colbert et Seignelay s'appliquèrent à réformer cet abus, du moins quant aux vaisseaux, car il n'en fut pas ainsi pour les galères. Sur la poupe de *la Favorite,* construite en 1698, était figurée Pallas au milieu du sénat et Pallas entourée des Muses; cette divinité servait à désigner « la personne honorée de la confiance et de la faveur du roi », c'est-à-dire Mme de Maintenon.

Une autre galère, *le Louis XV*, représentait le roi foulant aux pieds ses ennemis.

Quoique la construction navale fût en progrès, les navires de

Fig. 62. — Poupe de *l'Invincible*, tirée des *Monuments érigés en l'honneur de Louis XV*, par Pierre Patte; 1765, in-fol.

N. B. — *L'Invincible*, de 74 canons, construit sous Louis XV, fut pris par les Anglais, qui, le trouvant de formes excellentes, construisirent sur ce modèle 36 navires.

Louis XIV sont « lourds, massifs, ramassés de l'avant à l'arrière, s'évasant de la ligne de flottaison aux bastingages; ils présentent de nombreux vices de construction, et, malgré l'immensité et la multitude des voiles qui chargent leurs trois mâts ou s'étendent d'un mât à l'autre, sont de médiocres marcheurs. » L'école de construction navale, fondée par Maurepas, contribua, non moins que les savants traités de Belidor, de Bouguer, d'Olivier, de Duhamel du Monceau, à favoriser le progrès. Les vaisseaux devinrent plus allongés, prirent des proportions plus exactes et plus gracieuses (fig. 62), eurent un aménagement mieux distribué, tout cela au bénéfice de la rapidité et de la justesse du tir; on emprunta même aux Anglais l'usage de les doubler de cuivre.

La marine des galères, en qui se perpétuait le type de l'ancien navire à rames, resta complètement séparée jusqu'en 1748 de la marine de haut bord. Elle ne servait guère que sur la Méditerranée, et avait Marseille pour quartier général. Le bord s'y élevait fort peu au-dessus de l'eau; mais à l'avant se dressait le *bastion de proue* et, à l'arrière, le *château de poupe,* armés celui-là de quelques gros canons, et celui-ci de pierriers. On appelait *chambre de vogue* tout l'espace occupé, à droite et à gauche, par les bancs des rameurs, d'ordinaire au nombre de 25 sur chaque côté; entre les deux lignes de bancs régnait une plate-forme de bois, la *coursie,* sur laquelle circulaient les gardes-chiourme, et le long du bordage, au-dessus des rameurs, se tenaient les soldats (fig. 63 et 64). Les galères portaient environ 400 hommes, faisaient deux lieues à l'heure, et pouvaient être mises très rapidement en état; souvent une journée suffisait à les construire.

On distinguait entre toutes *la Réale,* que montait le général des galères; le lieutenant général commandait *la Patronne.* La Réale était richement ornée, de dimensions plus considérables, peinte en blanc, tandis que les autres l'étaient en rouge; elle arborait seule, au droit de la poupe, l'étendard royal, en damas blanc semé de fleurs de lis d'or avec les armes du roi au milieu. Toujours suivies, dans leurs expéditions, d'un convoi de transports, les galères pouvaient tenir la mer quatre mois durant.

D'abord, on recruta le personnel des rameurs parmi les criminels ou délinquants ordinaires, contrebandiers, faux-sauniers, déserteurs, vagabonds, etc. Le grand Colbert intervint auprès des

Fig. 63. — Proue de galère au xviiᵉ siècle.

chefs de la magistrature pour obtenir le plus de forçats possible : « Sa Majesté, leur dit-il, désirant rétablir le corps de ses galères et en fortifier la chiourme par toutes sortes de moyens, son intention est que vous teniez la main à ce que votre compagnie y condamne le plus grand nombre de coupables qu'il se pourra. » Et l'on vit un intendant du Poitou s'excuser d'en envoyer trop peu, alléguant « qu'on n'est pas maître des juges ». Le pire était qu'on retenait les malheureux bien au delà de leur temps. Les condamnés à perpétuité sont l'âme des galères; ainsi raisonnaient les officiers, et ils s'arrangèrent à transformer de la sorte tous ceux qui leur étaient confiés. Faute de Français, on acheta des esclaves en Orient. Les Turcs valaient de 3oo à 35o livres pièce; on les préférait pour leur force et leur résignation ; c'étaient nos consuls qui étaient chargés de ce honteux trafic. Après la révocation de l'édit de Nantes, on envoya aux galères les protestants par centaines, coupables seulement d'avoir persisté dans leur foi.

Les futurs galériens, marqués d'un fer chaud avec les trois lettres G. A. L., étaient réunis à Lyon et formaient une *chaîne,* à destination de Marseille (fig. 65).

Rendus à bord, dit M. Rambaud, « ils étaient vêtus d'une casaque rouge, avaient la tête et le visage rasés, même les sourcils. Une chaîne de trois pieds de long les attachait à leur banc, qu'ils ne quittaient plus; ils mangeaient, dormaient sur place. » Pour toute nourriture, du pain et de l'eau, parfois des légumes secs; à leurs moments de loisir, ils se livraient à de menus travaux que les gardiens allaient vendre en ville, et obtenaient en échange, à un prix exorbitant, de la viande ou du vin. « Mal nourris, à peine vêtus, rongés de gale et de vermine, exposés au soleil, à la pluie, à la gelée, aux coups de mer, les galériens étaient forcés de ramer parfois 12 ou 15 heures. S'ils s'évanouissaient, on tâchait de les réveiller à force de coups ; si l'on n'y parvenait pas, on les détachait et on les jetait à la mer. A l'approche d'un combat, les gardiens criaient : « Alerte! *tap* en bouche! » Le tap était un morceau de liège qui pendait par une ficelle au cou des forçats ; on le leur enfonçait dans la bouche en l'attachant fortement derrière la tête. Cette précaution avait pour but d'empêcher les blessés de troubler par leurs cris l'ordre de la manœuvre et de les forcer à mourir silencieusement. »

En 1748, Maurepas ordonna le désarmement de tous les bâ-

Fig. 64. — Poupe de galère au XVIIᵉ siècle; d'après Étienne de la Belle.

timents à rames, et ce fut à la suite de cette mesure qu'on fonda successivement les bagnes de Toulon, de Brest et de Rochefort, pour recevoir les condamnés aux galères.

Les grades et dignités étaient beaucoup moins nombreux dans la marine que dans l'armée, d'autant plus qu'il n'y eut des troupes spéciales de marine que sous le règne de Louis XIV; on se bornait autrefois à faire embarquer des troupes de terre, quand

Fig. 65. — Galériens; d'après une gravure à l'eau-forte. XVIIᵉ s.

on avait besoin d'armer une flotte ou une escadre en vue d'une expédition navale. La marine n'était pas, d'ailleurs, constituée dans les mêmes proportions que l'armée; elle resta long-temps, à cet égard, dans un état d'infériorité absolue; ainsi, la charge d'amiral, la première et la plus ancienne des charges de la marine, avait eu sans doute des prérogatives considérables, quoique circonscrite entre un nombre fort restreint de titulaires.

Les tribunaux du grand amiral se nommaient *amirautés* ; il y en avait deux : l'amirauté de Paris, de laquelle relevaient 10 sièges particuliers ; l'amirauté de Rouen, qui en comprenait 18.

Fig. 66. — Navire royal avec ses divers pavillons ; d'après une estampe de 1666.

Au grand mât le grand pavillon de France, de satin blanc, en broderie d'or et d'argent.

Au mât de misaine, un pavillon et un étendard ou bannière « *avec flammes traînantes en l'eau* », de même couleur tous deux, en satin bleu et blanc.

Au mât de beaupré, pavillon de satin bleu fleurdelisé.

Au mât d'artimon, pavillon de satin vert semé de fleurs de lis d'or.

Le phare, falot, fanal, ou lanterne dorée du gaillard d'arrière, est surmonté d'une hampe pour l'enseigne ; celle-ci était de satin rouge avec le pavillon de France en or, ou de satin rouge semé de fleurs de lis d'or.

Dans le midi et en Bretagne, les affaires maritimes ressortissaient aux différents parlements. L'amiral de France était, depuis le quinzième siècle, comme chef de la marine et des armées navales, un des grands officiers de la couronne, et, par conséquent,

il avait prédominance sur tous les amiraux, bien qu'aucune amirauté n'eût été placée directement sous sa dépendance. Cette
charge fut supprimée par Louis XIII, qui la remplaça par l'office de grand maître, chef et surintendant de la navigation et du
commerce; mais Louis XIV la rétablit en 1669, en se réservant la
nomination des officiers de marine.

On fit ensuite des vice-amiraux, mais point de contre-amiraux,
et quand le roi voulait récompenser l'un d'eux, il l'élevait au rang
de maréchal de France, ainsi qu'il fit pour d'Estrées et Tourville. Sous Louis XIII, on donnait le nom de *chef d'escadre* au
commandant de l'armée navale; en 1647, il y avait 4 escadres,
et plus tard 6, portant chacune le nom d'une province maritime.
La charge de capitaine de vaisseau avait toujours été très importante; elle correspondait à celle de colonel dans l'armée de terre.
En 1676, il y avait, dans l'état-major de la flotte, 81 officiers de
ce grade; 179, en 1696, et en 1780, 188. Le major et les aides-
majors, qui avaient rang de capitaines et de lieutenants de marine,
ne furent institués qu'en 1691 ; le lieutenant et l'enseigne de vaisseau étaient auparavant les seuls officiers que le capitaine eût
sous ses ordres. Les mêmes grades, attribués à des officiers qui
servaient sur des navires d'ordre inférieur, impliquaient une autorité et des privilèges moindres. Ainsi les capitaines de galiotes
primaient les capitaines de frégates légères; ceux-ci commandaient
aux lieutenants de vaisseau et se trouvaient classés au-dessus des
capitaines de brûlot.

LES COLONIES.

I.

JEAN DE BETHENCOURT AUX ÎLES CANARIES.

Parmi les adversaires de Rome qui ne se laissèrent pas absorber sans résistance, les Gaulois furent les plus déterminés. Eux mêmes, quelques siècles avant la grandeur romaine, avaient colonisé une partie de l'Italie.

Leur première émigration connue eut lieu vers l'an 591 avant l'ère chrétienne. Sous un chef que Tite-Live nomme Ambigat, des dissensions avaient été fomentées par ses deux neveux Bellovèse et Sigovèse. Les troubles réprimés, Ambigat en chercha la cause et reconnut que le malaise exploité par les rebelles venaient de la difficulté de vivre, causée par la surabondance de la population. Il résolut d'y porter remède, rassembla aux environs de Bourges les principaux de la nation, leur expliqua l'origine de la révolte et le moyen qu'il avait trouvé pour l'empêcher de se reproduire. Sa proposition fut acceptée : il s'agissait d'organiser une expédition lointaine, ou plutôt un exode d'une partie de la nation, et il désigna comme chefs ses deux neveux.

Sigovèse gagna la Germanie ; on n'a aucun détail sur les suites de son expédition. Quant à Bellovèse, il passa les Alpes et s'établit avec les siens dans la vallée du Pô. Cette colonie devint rapidement l'une des plus riches qui aient été jamais fondées; outre son accroissement propre, de nouvelles émigrations vinrent augmenter sa population, et les causes qui l'avaient amené à quitter la Gaule l'obligèrent à essaimer à son tour. De là, la longue lutte des Gaulois cisalpins contre Rome, qui commença deux siècles environ après l'exode.

L'expansion gauloise dépassa les pays limitrophes; on la trouve établie en Thrace, en Illyrie, en Asie Mineure, où les nouveau-venus étaient appelés *Galates*. On sait que les Grecs eurent à repousser plusieurs invasions des Gaulois, et la part que prirent ces derniers au pillage du temple de Delphes.

On dirait que c'est à l'exemple de ces lointains ancêtres que les Français ont voulu, dans la suite des siècles, mettre le pied partout, quittes à ne laisser que des traces passagères.

Conquise et colonisée par les Romains, puis tombée aux mains des barbares, enfin constituée en royaume sous les rois francs, la Gaule, devenue la France, subit des tentatives d'immigration violente, pareille à celles que Rome avait repoussées de la part de Gaulois.

Longtemps tenus en échec, les Normands, auxquels Lothaire avait déjà concédé un établissement dans les Frises et Charles le Chauve un autre à l'embouchure de la Seine, finirent, comme on le sait, par occuper tout le pays connu depuis sous le nom de *Normandie,* ainsi qu'une partie de la haute Bretagne. Il est certain que s'ils ne colonisèrent pas, à proprement dire, cette région; ils la marquèrent, du moins, surtout le long des côtes, d'une forte empreinte. C'est de là que devait partir la plus hardie, peut-être, des expéditions militaires, celle qui devait aboutir à la conquête de l'Angleterre par Guillaume le Bâtard. Puis les Normands fondèrent le royaume de Sicile (fig. 67 à 69), auquel Roger II joignit Naples, mais l'établissement devait être éphémère.

Il y a quelque apparence que, dans les croisades, la première et la quatrième par exemple, sous l'esprit religieux se soit cachée une arrière-pensée de lointain établissement. Le transfèrement sur un front français de la couronne à Byzance, la fondation du royaume de Jérusalem et des principautés féodales du Péloponèse furent de véritables actes de colonisation militaire.

Fig. 67 à 69 — Monnaies chrétiennes arabes des rois normands de Sicile.

Néanmoins, il est raisonnable, après avoir noté ses premières origines, de ne pas faire commencer l'histoire de la colonisation moderne avant Jean de Bethencourt et son expédition aux îles Fortunées. Cet aventurier hardi doit nous arrêter un instant, bien qu'il ait navigué et fait ses conquêtes pour le compte de l'Espagne. C'était un gentilhomme, natif de la haute Normandie, qui avait vraisemblablement ouï parler des relations que les Dieppois entretenaient, dès le milieu du quatorzième siècle, avec les côtes de l'Afrique occidentale. Mais, en recrutant des compagnons d'aventure pour marcher à la conquête des îles Fortunées, Bethencourt n'avait qu'un but tout désintéressé, la conversion des infidèles, ce mobile de presque toutes les entreprises d'outre-mer jusqu'au dix-septième siècle.

L'archipel des Canaries était depuis quelques années fréquenté par les marchands espagnols et, voulant s'en assurer la posses-

sion, Henri III, roi de Castille avait chargé Robert de Braquemont, plus tard amiral de France, de le réunir à la couronne.
Braquemont céda sa commission à Jean de Bethencourt, qui avait
fait la guerre avec honneur contre les Anglais. Celui-ci, après
avoir engagé sa terre de Grainville (pays de Caux), s'embarqua à
la Rochelle, le 1er mai 1402. A ce premier voyage, il se contenta
de bâtir un fort dans l'île de Lancerote, de pousser quelques
reconnaissances, et il revint en Espagne demander au roi des renforts et des vivres. Henri fit droit à sa requête et, de plus, lui
conféra la seigneurie de toutes les îles dont il s'emparerait.

Malgré les jalousies qui avaient séparé ses lieutenants en son
absence et la trahison de Bertin de Barneval, la conquête n'était
pas compromise. Bethencourt se mit à l'œuvre, acheva de paci-
fier Lancerote, s'empara des îles de Fer et de Fortaventure, mais
échoua devant la grande Canarie. A ce moment, un de ses compagnons, le Normand Gadifer, éleva la prétention de partager avec
lui la souveraineté des îles conquises : il fallut l'intervention du
roi de Castille pour donner gain de cause à Bethencourt et obliger
Gadifer à quitter les Canaries.

Cependant, Bethencourt, qui manquait encore d'hommes et
d'argent, résolut d'aller chercher du secours, non plus en Espagne,
mais dans son pays natal. Il laissa le commandement à Jean le
Courtois, partit de Fortaventure, le 3 janvier 1405, et débarqua
à Harfleur, après vingt et un jours de traversée. Son séjour en
Normandie ne fut prolongé que le temps nécessaire au rassem-
blement de tous les gens de bonne volonté qui voulurent le suivre.
Il quitta Harfleur avec deux navires chargés de vivres, 80 hommes de troupe et des ouvriers de tous les métiers. C'était, on le
voit, une très intelligente tentative de colonisation, et, ce qui nous
intéresse, les colons étaient des Français. Son neveu, Marciot de

Béthencourt, s'embarqua avec lui. Leur retour aux Canaries fut

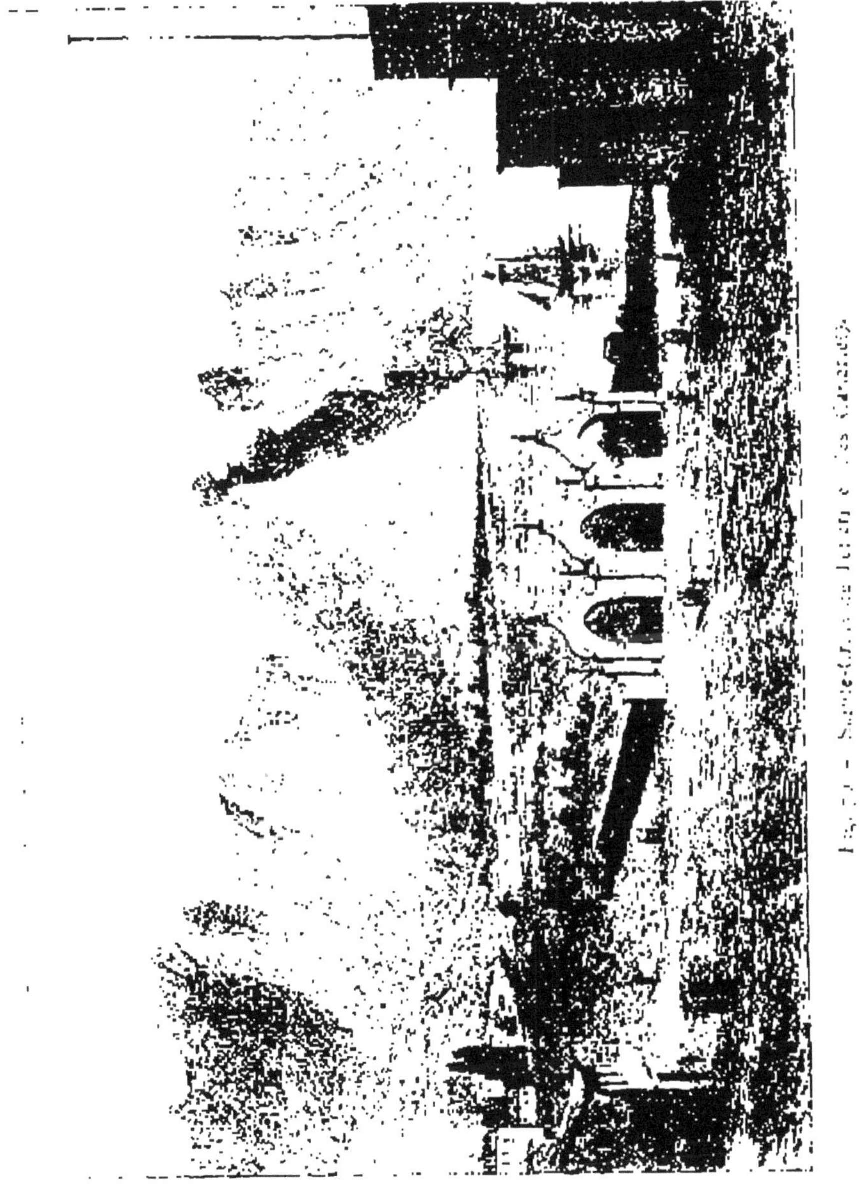

salué avec joie, et Béthencourt profita de ces bonnes dispositions pour tenter à nouveau de s'emparer de la plus grande des îles, qui, jusque-là, lui avait résisté. Cette fois encore, il échoua.

Bornant alors son ambition à la conquête des petites îles, il s'en assura la possession et résolut de rentrer en France. Ses affaires réglées, les terres distribuées à ses compagnons d'armes, Marciot institué gouverneur, avec l'ordre de rendre la justice conformément à la coutume de Normandie, il lui recommanda, de plus, d'envoyer, au moins tous les ans, dans cette province, deux navires qui recueilleraient de nouveaux colons. Du produit des impôts, il fit deux parts, un tiers devant revenir au gouverneur, le reste être employé à la construction d'édifices publics. Parti le 15 décembre 1405, il toucha en Espagne, puis à Rome, où il obtint du pape un évêque pour les Canaries; il arriva en Normandie dans les premiers mois de 1406 et ne fit plus jamais parler de lui. Il mourut dix-neuf ans plus tard, sans enfants. Son frère Regnaud hérita de la seigneurie des Canaries, puis elle revint à Marciot qui n'avait cessé d'en être le gouverneur. Ce dernier la vendit à un Espagnol, et depuis lors, ces îles, dont Bethencourt et ses deux premiers successeurs avaient été seigneurs et rois, n'ont pas cessé de faire partie du domaine de l'Espagne.

L'expédition de Bethencourt ne fut d'aucun profit pour la France. Ce n'est pas avant 1525 que François Ier se décida à suivre le grand mouvement qui poussait l'Espagne et le Portugal vers le Nouveau Monde. Mais, depuis cette époque, nos établissements d'outre-mer se succédèrent sans interruption, agrandissant, sur tous les points du globe, notre domaine colonial.

Comme sommaire aux détails historiques qui vont suivre et aussi comme tableau d'ensemble, voici la liste chronologique des diverses colonies ou tentatives de colonisation françaises jusqu'à la fin du dix-huitième siècle. Avant 1525, si les faits sont historiques, les dates ne sauraient être considérées que comme des points de repère.

1365. Comptoirs fondés par les marins de Dieppe au Sénégal et dans la Guinée.

1404. Premières conquêtes de Bethencourt aux Canaries.

1505. Tentatives commerciales aux Indes. — 1506. Découverte du Canada. — 1525. Verazzano prend possession de Terre-Neuve au nom du roi de France. — 1535. Premier voyage de Jacques Cartier au Canada. — 1541. Premier établissement au cap Breton. — 1557. Établissement de Villegagnon à Rio de Janeiro. — 1560. Établissement au bastion de France (États barbaresques).

1604. Organisation de la pêche de la morue à Terre-Neuve. — 1608. Fondation de Québec. Colonisation de l'Acadie. — 1624. Premier établissement dans l'Inde. — 1625. Saint-Christophe (Antilles). — 1626. Sinnamary (Guyane); premier établissement au Sénégal. — 1630. Conamanca (Guyane). — 1634. Cayenne. — 1635. La Martinique et la Guadeloupe. — 1642. Ile Bourbon; premier établissement à Madagascar. — 1644. Construction du fort Dauphin à Madagascar. — 1664. Acquisition, aux Antilles, de Saint-Domingue, Sainte-Lucie, Grenade, des Grenadilles, Marie-Galande, Saint-Martin, Saint-Christophe, Saint-Barthélemy, Sainte-Croix, la Tortue. — 1667. Acquisition de l'île de Gorée, d'Arguin, de Portendic (Sénégal). — 1668. Fondation de Surate. — 1672. Acquisition de Trinquemale, à Ceylan, de Saint-Thomé sur la côte de Coromandel. — 1680. Établissement à la Louisiane. — 1683. Pondichéry. — 1688. Chandernagor. — 1695. Albreda (Sénégal).

1712. Ile de France. — 1727. Mahé. — 1739. Karikal. — 1742. Yanaon, Mazulipatam. — 1746. Madras. — 1749. Sainte-Marie de Madagascar. — 1758. Conquêtes de Dupleix sur la côte de Coromandel. — 1764. Saint-Pierre et Miquelon.

1774. Antongil (Madagascar). — 1783. Tabago.

On voit, par ce simple résumé, qu'il est peu de régions où la France n'ait, à quelque moment, hissé son drapeau, et que s'il fut jamais une nation colonisatrice, c'est bien la nôtre, qu'aucun revers n'a jamais découragé, qui perd le Canada et crée l'Algérie, qui remplace l'Inde par l'Indo-Chine.

Et cependant, l'histoire de la colonisation française sous l'ancien régime montre en même temps que, pour notre malheur, si nous avons su coloniser, nous n'avons pas su conserver nos colonies. Cela doit tenir, comme le fait remarquer M. Leroy-Beaulieu, « à des causes plus nombreuses et plus complexes qu'on ne l'a jusqu'ici généralement pensé. Ce ne sont pas seulement les erreurs du système politique, ce sont encore les défauts de la constitution économique et de l'organisation sociale de nos établissements ; ce sont aussi certains traits inhérents à notre caractère national. Non, sans doute, les Français ne sont pas fatalement éloignés de la colonisation par un vice de constitution insurmontable, mais s'ils veulent coloniser comme ils l'ont voulu, comme ils le voudront peut-être encore, ils doivent savoir se mettre en garde contre certaines inclinations de leur nature, contre des penchants innés qui les égarent ; ils doivent savoir résister surtout à ces deux qualités qui sont bien près d'être deux défauts, le goût outré des aventures et la facilité à prendre les mœurs et les idées des populations primitives. »

Si l'on voulait choisir un exemple démonstratif à cette proposition du savant économiste, on ne saurait mieux faire que d'exposer les progrès et la chute du Canada. Selon l'ordre naturel et chronologique, c'est par cette région que nous commencerons cette sorte de voyage historique à travers nos colonies, dont les plus importantes ne sont plus que des *colonies perdues*.

II.

CANADA ET ACADIE.

Après l'expédition de Verazzano, qui avait visité Terre-Neuve, les côtes américaines depuis le Maine jusqu'à la Virginie, pris possession du continent et des îles au nom de la France, en 1525, il y eut un intervalle de dix ans, pendant lesquels la lointaine région fut oubliée.

Ce ne fut qu'en 1534 que l'amiral Brion-Chabot chargea Jacques Cartier, de Saint-Malo, de recommencer l'exploration inachevée. En ce premier voyage, Cartier (fig. 71) ne dépassa pas l'embouchure du Saint-Laurent; l'année suivante, il descendit par la même route

Fig. 71. — Jacques Cartier, d'après un portrait du temps.

jusqu'à l'île d'Orléans, entra en relation avec les naturels et se hasarda, à travers les forêts, jusqu'à la ville indienne d'Hochelaga, futur emplacement de la ville moderne de Montréal. Un troisième voyage, entrepris de concert avec un gentilhomme picard, nommé Roberval, n'eut pas un résultat plus décisif : on avait découvert un pays nouveau, mais on ne savait trop ce qu'on en ferait. L'hivernage y était horrible, le sol ne paraissait guère fertile et ne produisait pas d'or, comme les heureuses terres tombées aux mains des Espagnols. De là, un assez grand découragement et un demi-siècle pendant lequel le Canada, à peine découvert, se trouve délaissé. Pourtant, dans l'intervalle, la station de Terre-Neuve avait reçu quelque organisation, nécessitée par le nombre croissant des pêcheurs de morue, et le sud du continent avait été, comme nous le verrons, témoin d'une nouvelle tentative de colonisation.

La fin des guerres de religion et des troubles de la Ligue permit à Henri IV de tourner les yeux vers le Nouveau Monde, où, l'on s'en souvenait à peine, des navigateurs français avaient pris possession, au nom du roi de France, de terres et d'îles inconnues, découvertes ou explorées par eux. Quelques navires dieppois allaient encore faire le commerce d'échange sur les côtes de l'Amérique et de l'Afrique, mais depuis quinze ou vingt ans le gouvernement s'était désintéressé des grands voyages de découverte et d'exploration, qui passionnaient au plus haut degré les Espagnols et les Portugais, les Anglais et les Hollandais, et même les Italiens.

Ces différents peuples avaient de nombreux vaisseaux qui sillonnaient toutes les mers, sur tous les points du globe, tandis que notre marine n'était plus représentée, dans l'océan Atlantique et dans la mer du Sud, que par de petits bâtiments marchands, qui n'avaient été faits que pour le cabotage. Cependant, il ne manquait pas de braves marins et d'excellents pilotes dans les ports de Normandie, de Bretagne et de Guyenne. Mais Henri IV fut toujours arrêté ou contrecarré, dans ses projets d'entreprises maritimes, par l'obstination intraitable de Sully, son premier ministre, qui était hostile à toute espèce d'expédition lointaine et

qui ne regardait pas la marine comme une des forces nécessaires
à la prospérité d'un État.

« Je mets au nombre des choses faites contre mon opinion, »
devait écrire Sully, dans ses Mémoires, « la petite colonie qui

Fig. 72. — Construction des castors.

fut envoyée au Canada ; il n'y a aucune sorte de richesse à espérer
de tous les pays du Nouveau Monde qui se trouvent au delà du
40ᵉ degré de latitude. » Sully se trompait, et il fut cause que,
tout en souhaitant pouvoir mettre à profit les magnifiques découvertes de Jacques Cartier, qui avait donné à la France, au delà
des mers, une *Nouvelle-France*, deux fois plus grande que la

mère patrie, Henri IV laissa exclusivement à l'initiative des associations commerciales et de la marine marchande l'immense et pénible tâche de fonder des colonies françaises.

Une première tentative, il est vrai, avait été commencée en 1598, aux frais du trésor royal, mais d'une façon si malheureuse qu'on n'y avait pas donné suite. Dans la commission, en date du 12 janvier 1598, que le roi fit délivrer au marquis de la Roche : « Nous establissons, par ces présentes signées de notre main, » disait-il, « le sieur de la Roche nostre lieutenant général ès pays de Canada, Hochelaga, Terres-Neuves, Labrador, rivière de la Grande-Baye, Norembergue et terres adjacentes desdites provinces et rivières, lesquelles sont de grande longueur et estendue de pays, sans icelles estre habitées par subjects de nul prince chrestien. »

Le roi avait promis de fournir, pour cette *saincte oeuvre,* vaisseaux, marins, soldats, artillerie et vivres, mais le marquis de la Roche ne put obtenir qu'un seul bâtiment, qui échoua, par l'ignorance du pilote, à 25 lieues de la côte du Canada. Henri IV s'adressa donc à l'industrie privée pour coloniser l'Amérique du Nord : un habile navigateur normand, nommé Chauvin, offrit d'y établir à ses dépens une colonie de 500 Français, si le roi lui accordait un privilège exclusif pour le commerce des pelleteries et surtout des castors (fig. 72), avec les sauvages du Canada. Chauvin fit deux voyages, très avantageux pour ses intérêts, mais absolument nuls pour la colonisation : il avait créé seulement un poste fortifié à Tadoussac, sur le fleuve Saint-Laurent, à 90 lieues de l'embouchure de ce fleuve, et il n'y avait laissé que 16 hommes pour le garder.

Le commandeur de Chastres, gouverneur de Dieppe, nommé lieutenant général du roi en Amérique, fonda une compagnie commerciale, dans laquelle entrèrent les principaux négociants de Rouen et de la Rochelle (1602) : Henri IV abandonnait à cette compagnie tous les bénéfices du commerce privilégié des pelleteries, à condition qu'elle supportât tous les frais de la colo-

Fig. 73. — Chefs de guerriers indiens au Canada

nisation, sans aucune charge pour le trésor public. La première expédition fut confiée au commandement d'un capitaine de la marine royale, le sieur de Pontgravé, qui connaissait mieux que personne les pays qu'il fallait coloniser. On lui adjoignit un autre capitaine de la marine de l'État, Samuel de Champlain, qui s'était distingué dans les guerres de la Ligue et qui avait déjà voyagé en Amérique. Ce dernier n'avait pas d'autre charge que « de veoir le pays et ce que les entrepreneurs y feroient ». Il reçut, avant son départ, les instructions secrètes du roi, qui lui dit « de tout observer pour en faire un fidèle rapport ».

L'expédition partit de Honfleur, le 15 mars 1603, et revint au Havre, le 20 septembre de la même année. Pontgravé et Champlain avaient contracté, au nom de la France, amitié et alliance avec plusieurs nations sauvages du Canada (fig. 73), et pendant que leurs navires stationnaient à Tadoussac, pour le commerce des pelleteries, les deux chefs de l'expédition avaient remonté le cours du Saint-Laurent, bien au delà du point extrême que Jacques Cartier avait atteint, soixante ans auparavant : ils rapportaient de leur voyage d'exploration les renseignements les plus exacts sur l'état et les ressources des contrées qu'ils avaient parcourues.

A leur retour, le roi, en étudiant les documents que Champlain lui présenta, se sentit plus affermi que jamais dans son dessein de créer, à la Nouvelle-France, une colonie française. Le commandeur de Chastres était mort, et le roi lui avait donné pour successeur, avec le titre de vice-amiral, le sieur de Monts, gentilhomme ordinaire de la chambre, que recommandaient ses services militaires. Henri IV déclara, par lettres patentes, que les pays de l'Amérique du Nord seraient annexés à son royaume et que son lieutenant représenterait sa personne « aux pays, territoires et confins de l'Acadie, à commencer dès le 40ᵉ degré (de latitude) jusqu'au 46ᵉ. » Mais il se proposait d'attribuer une bien plus grande étendue aux possessions françaises, puisque, dans un nouveau privilège de commerce accordé à de Monts et à ses associés, il énumérait les contrées que la compagnie devait occuper jusqu'au 52ᵉ degré de latitude. En même temps, il abandonnait le Brésil et la Caroline, que réclamaient le Portugal et l'Espagne, et il laissait l'Angleterre coloniser la Virginie.

Champlain, qui était le conseil du roi dans ses vues colonisatrices, avait publié, dès 1603, la relation de son premier voyage, sous ce titre : *Des Sauvages*. Il ne se sépara pas du sieur de

Fig. 74. — Colon de la baie d'Hudson, chaussé de *raquettes,* au xviie siècle.

Monts, qui retournait en Amérique avec Pontgravé, et qui avait de pleins pouvoirs pour l'extension des établissements qu'il allait fonder : « Vous devez surtout, » lui avait dit le roi, « peupler, cultiver et faire habiter lesdites terres le plus promptement, le plus soigneusement et dextrement que le temps, les lieux et commodités le pourront permettre. » Champlain employa trois années à seconder de Monts et Pontgravé dans leurs ébauches de colonisation (fig. 74) et à faire de nombreuses explorations dans les parties inconnues de la Nouvelle-France. Il reconnut que cette vaste région offrait tous les éléments d'une magnifique colonie. Par malheur, la compagnie commerciale dont de Monts était le représentant se préoccupait de ses intérêts de trafic et de lucre plutôt que de colonisation réelle et durable; elle ne recevait pas d'ailleurs du gouvernement la moindre assistance efficace.

Champlain revint en France à la fin de septembre 1607 et trouva le roi dans les mêmes intentions protectrices à l'égard de la Nouvelle-France, malgré le mauvais vouloir du premier ministre. De Monts, qui sollicitait la continuation de son privilège, délégua ses pouvoirs à Champlain, qui fut chargé de commander deux navires armés à Honfleur. Il partit de ce port, le 13 avril 1608, avec le capitaine Pontgravé, et, après une traversée de cinquante jours, il entrait au port de Tadoussac. Il était désormais le principal chef de la colonie, et il alla d'abord fonder la ville de Québec à l'endroit qu'il avait choisi de longue date. Le nombre des colons s'étant augmenté, il eut une petite armée pour pénétrer sur le territoire des Iroquois, qu'il fallait soumettre par la force des armes. Il leur livra bataille, à la tête de la tribu des Algonquins, ses fidèles alliés. A la suite de cette victoire, il jugea nécessaire de retourner lui-même en France pour obtenir du roi, qui lui avait été toujours favorable, les secours dont il avait besoin pour achever son œuvre. Henri IV, cette fois, ne lui refusa pas l'appui matériel que la situation exigeait.

Champlain se hâta de retourner à Québec, avec de l'argent, des soldats et de l'artillerie. Il remporta une seconde victoire sur les Iroquois et resta maître du territoire (fig. 75).

Ce fut alors qu'il parcourut les pays au nord du Saint-Laurent, pour trouver une route qui pût le conduire en Chine et dans l'Inde; il poussa en vain ses recherches jusqu'au 47e degré de

Fig. 75. — Bataille contre les Iroquois; d'après une gravure des *Voyages du sieur de Champlain, Xaintongeois*; Paris, 1613.

latitude, c'est-à-dire à 75 lieues des côtes de la baie d'Hudson, que les Anglais avaient explorées avant lui. Le moment lui paraissait venu de travailler à l'accroissement de la colonie : il fonda une nouvelle ville, qu'il appela Mont-Réal, à 70 lieues de Québec, et en fit l'entrepôt principal du commerce des castors. Mais il manquait de bras et de moyens d'action, au milieu des indigènes qu'il n'avait plus à combattre; il n'hésita pas à revenir en France, avec l'espoir de déterminer le roi à faire un dernier effort pour établir définitivement cette belle colonie de la France américaine. Henri IV n'existait plus, et Champlain, voyant qu'il n'avait pas d'appui à espérer avant que la régence de Marie de Médicis fût bien assise, revint promptement au Canada, où sa présence était indispensable.

Depuis la mort d'Henri IV, la mésintelligence s'était mise entre Champlain et de Monts, qui voulait sacrifier la colonie à des intérêts de commerce, au profit de la compagnie qu'il représentait. Champlain eut à lutter quatre ans contre lui; il alla plusieurs fois en France chercher des troupes et des subsides pour défendre Québec et Mont-Réal. Il s'était fait nommer lieutenant du prince de Condé, devenu lieutenant général de la Nouvelle-France, et il pouvait ainsi tenir tête à de Monts et à ses associés.

Dans le voyage qu'il fit en 1615, il n'obtint que des promesses de la part du jeune roi Louis XIII, qui s'intéressait à la propagation de la foi chrétienne parmi les indigènes de l'Amérique du Nord, et ce fut d'après le conseil du roi et de sa mère que Champlain ramena de France, avec lui, quelques religieux franciscains, de l'institut des récollets, qui devaient l'aider dans son œuvre en convertissant les tribus sauvages. Un de ces récollets, le frère Sagard, publia en 1636, dans une *Histoire du Canada,* les résultats de la mission de ces religieux; avant eux, les jésuites avaient

envoyé au Canada des missions permanentes, qui rendaient les
plus grands services à la colonisation.

Champlain s'était enfin réconcilié avec son ancien ami, de Monts.
Sûr de n'être pas remplacé par Pontgravé, il chercha un passage
au nord de l'Amérique pour aller en Chine, et s'avança, dans ce

Fig. 31. — Québec au xviiᵉ siècle.

but, à travers le pays des Hurons, qui étaient en guerre avec les
Iroquois. Il passa tout un hiver au milieu des populations algon-
quines, et il y rassembla les matériaux des nouveaux *Voyages et
découvertes*, qu'il publia en 1619. L'intérêt de l'entreprise coloniale lui commandait de reparaître souvent à Paris, pour récla-
mer l'assistance du roi et l'appui moral du prince de Condé; ce-

lui-ci avait cédé, en 1620, la vice-royauté de la Nouvelle-France à son beau-frère le maréchal de Montmorency, qui s'en défit bientôt en faveur du duc de Ventadour.

Rassuré sur l'avenir de la colonie, Champlain redoublait d'ardeur : il protégeait à la fois le commerce et l'agriculture, il fortifiait Québec (fig. 76); mais, durant le siège de la Rochelle, les Anglais envoyèrent au Canada des vaisseaux, pour s'en emparer. Champlain, qui s'était enfermé dans le fort de Québec avec un petit nombre d'hommes déterminés, essaya de s'y défendre; après avoir épuisé ses munitions de guerre, il se vit obligé de signer, le 20 juillet 1628, une capitulation honorable, en sauvegardant les intérêts des colons. L'Angleterre était maîtresse du Canada, qu'elle prétendait lui appartenir depuis la découverte des côtes septentrionales de l'Amérique par Sébastien Cabot en 1497; mais la population indigène, fidèlement attachée aux missionnaires catholiques, faisait corps avec la colonie française.

Champlain était allé à Londres même protester énergiquement contre la prise de Québec et l'occupation de la Nouvelle-France. Le cardinal de Richelieu, comprenant toute l'importance de la colonie naissante, fit armer six vaisseaux de guerre pour la reconquérir par les armes, et l'Angleterre, qui avait d'autres colonies plus florissantes à conserver en Amérique, consentit à la restitution du Canada (29 mars 1630). Champlain alla donc reprendre son gouvernement, et les sauvages, qui l'appelaient leur père, accoururent de toutes parts pour saluer son retour (fig. 77). La colonie était déjà en pleine postérité, quand il mourut à Québec, en 1635, âgé de soixante-quinze ans environ. Il put se dire, en mourant, que son œuvre devait lui survivre toujours. Et, en effet, il avait fondé une nouvelle nation française, dont la solidité devait résister même aux épreuves de la conquête.

Les véritables colonisateurs de l'Amérique septentrionale avaient été les missionnaires de différents ordres religieux, et surtout les jésuites, qui publiaient, chaque année, le résultat de leurs

Fig. 77. — Indiens des environs de Québec.

efforts, de leurs progrès et découvertes. Les *Relations du Canada,* dont la première, par le P. Biard, avait paru en 1616, ne comprenaient pas moins de 43 gros volumes en 1672. Mais, avant cette publication, plusieurs voyageurs français, que leur caractère aventureux poussait à la recherche des pays lointains et inconnus, avaient mis en lumière le récit de leur séjour dans notre colonie française, dont le commerce des pelleteries semblait assurer la prospérité. On savait que Jacques Cartier, un des plus hardis navigateurs de son temps, avait pris possession du Canada, au nom du roi, en 1534, mais le *Brief récit de sa navigation ès isles de Canada et autres,* imprimé en 1545, était devenu si rare, que ce fut presque un ouvrage nouveau, quand on en fit une édition plus complète sous le titre de *Discours du voyage aux Terres-Neuves, Canadas, etc.* (Rouen, 1598, in-8°.)

Un autre voyageur, Marc Lescarbot, avocat au parlement de Paris, avait habité, comme colon, la Nouvelle-France, et y avait fait de courageuses explorations, pour écrire l'histoire morale, naturelle et géographique de cette province. Cette histoire, qu'il fit paraître à son retour à Paris, en 1609, avait surtout pour objet de démontrer que l'Amérique du Nord appartenait à la France et ne pouvait plus en être détachée. « Il faut posséder cette terre, » disait-il, dans une allocution préliminaire à la France, « il faut y planter sérieusement le nom de Jésus-Christ, puisqu'aujourd'hui plusieurs enfants de la France ont cette résolution immuable de l'habiter et y conduire leurs propres familles. Les sujets sont assez grands pour y attraire les hommes de courage et de vertu. »

Champlain avait les mêmes idées que Marc Lescarbot et exprimait les mêmes sentiments dans le recueil de ses voyages depuis 1603 jusqu'en 1629; car, selon lui, civiliser les sauvages et les convertir au christianisme, c'était le premier devoir de la colonisation. Il avait joint à son utile et intéressant ouvrage un traité des qualités et conditions requises à un bon et parfait navigateur et un catéchisme ou instruction, traduit du français en langage des peuples sauvages de quelques contrées. La carte générale du Canada, qu'il avait dressée lui-même, servit de guide pendant plus d'un demi-siècle à tous les voyageurs qui visitèrent le pays après lui.

Sous M. de Montmagny, qui succéda à Champlain, le caractère religieux de la Nouvelle-France s'accentua encore, mais non sans profit pour la colonie, puisque c'est autour d'un couvent, fondé à cette époque, que s'éleva la ville de Montréal.

Vers la fin du dix-septième siècle, sous le gouvernement de M. de Frontenac, la Louisiane, dont nous ferons plus loin l'histoire, fut rattachée au Canada par une ligne de forts, qui avait pour jonction centrale le poste de Détroit, sur les lacs. Les Anglais, par cette prise de possession, se voyaient politiquement resserrés entre la mer et les monts Alleghanys ; mais de beaucoup les plus forts, plus nombreux, plus riches, mieux armés, ils ne devaient pas supporter cette étroite limitation.

Déjà, en 1629, ils avaient attaqué et gardé Québec, pendant quatre ans, jusqu'au traité de Saint-Germain en Laye. Leur expédition de 1690 fut moins heureuse : entreprise sur des bases formidables, elle aboutit, grâce à l'impéritie des chefs, à un échec ridicule. Le traité de Ryswick (1697) mit fin à toutes les hostilités et consolida les établissements français. Si nous avions fait, à ce moment, quelques sérieux efforts, si l'exclusivisme religieux n'avait pas fermé le Canada aux huguenots, l'Amérique du Nord fût peut-être devenue française ; arrêté dans son essor, il devait, au contraire, se trouver le plus faible, quand sonnerait l'heure de la grande lutte entre les deux nationalités rivales.

Au milieu de ces premières alertes, et malgré l'hostilité des Iroquois, qui nous harcelaient sans cesse, la colonisation s'était développée ; avec le dix-huitième siècle, une nouvelle période commence, il va falloir défendre pied à pied le sol conquis par tant de labeurs et de sacrifices.

Tout d'abord, l'expédition de l'amiral Walker, forte de 84 navires, envoyés contre Québec avec un corps de débarquement, ne fut pas sans inspirer des craintes sérieuses; mais Walker, lui aussi, était un' incapable, et toute sa flotte sombra dans le Saint-Laurent, hormis le vaisseau amiral, sauvé par un pilote canadien. Sans effet de ce côté, l'invasion anglaise fut plus heureuse sur les autres points où elle s'était portée. Cette guerre, que termina le traité d'Utrecht (1713), nous coûtait Terre-Neuve, la baie d'Hudson et l'Acadie.

Il y eut alors une nouvelle période de paix officielle, mais le le long des frontières les escarmouches se succédaient. Dans la vallée de l'Ohio, le meurtre d'un officier français, qui se présentait en parlementaire, exaspéra les Canadiens contre leurs ennemis. On se battit par tout le territoire, notamment à Belle-Rivière, où 1,300 Anglais demeurèrent sur le terrain. Il faut noter qu'à cette date les deux nations étaient en pleine paix; la guerre ne fut pas déclarée par l'Angleterre à la France, avant 1756.

C'est alors que paraît en scène ce général en qui se résument les dernières années de l'histoire française du Canada, Louis de Montcalm.

Au moment où il débarqua à Québec (13 mai 1756), le chiffre des troupes dont il venait prendre le commandement s'élevait à près de 6,000 hommes, soldats d'infanterie et de marine, chiffre auquel il convient d'ajouter un égal contingent de milices canadiennes et de sauvages auxiliaires.

« Avec une telle armée, mal nourrie, à peu près sans souliers et sans solde, » dit M. de Bonnechose, « n'ayant guère d'autres munitions que celles prises sur l'ennemi, il fallait garder une frontière de plusieurs centaines de lieues, occuper vingt forts et faire tête partout à l'invasion, dont les forces finirent par atteindre le

Fig. 78. — Navigation sur le Saint-Laurent.

chiffre officiel de 60,000 hommes. Étonnantes campagnes, dont aucune guerre d'Europe ne donne l'idée! Pour théâtre, des lacs, des fleuves, des forêts sans limites. Tantôt la hache à la main, le fusil en bandoulière, les soldats cheminent sous bois, tantôt ils portent à bras, au delà des rapides écumants, les bateaux où ils se rembarquent, et l'hiver, des raquettes aux pieds, la peau d'ours au dos, ils suivent sur la neige des traîneaux de campagne attelés de grands chiens. Guerre remplie de surprises, de massacres, de combats corps à corps, dans laquelle les décharges de l'artillerie et les roulements des tambours répondent aux hurlements des Peaux Rouges et au fracas des cataractes! »

Louis-Joseph de Montcalm, marquis de Saint-Véran, né le 28 février 1712, au château de Candiac, près Nîmes, était issu d'une des plus anciennes familles du Rouergue. Son éducation fut confiée aux soins de Louis Dumas, l'inventeur d'une méthode ingénieuse dite *Bureau typographique*; il fit de grands progrès sous la direction de cet habile maître, et continua, même au milieu des camps, à étendre ses connaissances. Destiné à la carrière des armes, il fit sa première campagne en Bohême, et passa ensuite en Italie, où il se distingua de la façon la plus brillante à la bataille de Plaisance et à l'assaut du col d'Exiles. Nommé maréchal de camp (janvier 1756), il fut aussitôt envoyé dans le Canada, dont M. de Vaudreuil était alors gouverneur.

A peine débarqué, Montcalm débuta par un coup de maître (fig. 79). Trompant la vigilance des Anglais et de Loudon, leur général en chef, il courut mettre le siège devant le fort Oswego, bâti au sud du lac Ontario et qui commandait l'accès du Saint-Laurent; six jours lui suffirent pour s'en rendre maître, ainsi que de deux régiments, trois caisses d'argent, cinq drapeaux, plus de cent bouches à feu, un amas considérable de provisions (21 août 1756).

Le printemps revenu, il dirigea sur la même frontière une expédition plus hardie, qui devait lui permettre de menacer direc-

Fig. 79. — Le marquis de Montcalm ; d'après un portrait du temps.

tement les possessions britanniques en ouvrant la route d'Albany
et de New-York. Après avoir passé du lac Champlain dans l'Hori-
can ou lac du Saint-Sacrement, il s'arrêta devant le fort William-

Henry, et s'en empara de vive force au bout de quelques jours.

En 1758, les Anglais reprirent l'offensive avec une telle supériorité de forces, qu'il fallut renoncer à l'espoir d'arrêter leurs progrès. La culture de la terre, déjà si restreinte, fut sur plusieurs points abandonnée entièrement; la disette se joignit aux rigueurs d'un hiver exceptionnel pour désoler le Canada. On se trouva dans une si affreuse pénurie de provisions, que les habitants des villes furent mis à la ration de quatre onces de pain par jour. Les blés étaient accaparés par l'intendant Bigot, qui fut jugé plus tard de ce fait, et par sa bande. Nos vaisseaux, réduits à une demi-douzaine, n'avaient plus libre le passage de la haute mer. Pour complément d'infortune, le gouvernement de la métropole, qui avait résolu l'abandon de la colonie, ne répondait à toutes les sollicitations de secours que par un refus formel, quelquefois par d'amères récriminations.

Dans cette détresse, Montcalm n'en disposa pas moins son plan de défense en capitaine habile. Avec 3,500 hommes il battit lord Abercromby et ses 20,000 soldats (8 juillet), mais il gagna la journée au prix de 700 morts. Convaincu de l'impuissance de ses efforts, il demanda, comme unique grâce, d'être rappelé en France, et, à la nouvelle des premiers désastres, il ajoutait : « J'avais demandé mon rappel; mais, puisque les affaires vont mal, c'est à moi de les réparer ou d'en retarder la perte le plus qu'il sera possible. » La victoire sanglante de Carillon (aujourd'hui Ticonderoga) n'empêcha point, en effet, Abercromby de prendre successivement les forts de Frontenac, du Quesne, de Niagara, de la Couronne et de la Présentation. D'autre part, la capitulation du fort de Louisbourg livrait l'entrée du Saint-Laurent à l'ennemi, en même temps qu'il occupait le haut cours du fleuve par une marche irrésistible.

Vers la fin de l'automne, Montcalm parvint à faire partir son aide de camp Bougainville pour la France. Celui-ci soumit au gouvernement des cartes détaillées du théâtre de la guerre et plusieurs projets appropriés à toutes les hypothèses. L'un d'eux, ressource suprême, était des plus hardis : Québec pris, pas de capitulation, retraite de l'armée sur les lacs, et de là, descente par les fleuves jusqu'à la Nouvelle-Orléans, qui était à nous, et où la lutte serait continuée. Après de longues délibérations, il fut décidé que la mère patrie pouvait disposer en faveur de la Nouvelle-France de 326 recrues et du tiers des vivres demandés! « Quand le feu est à la maison, l'on ne s'occupe pas des écuries, » dit brutalement Berryer, le ministre de la marine. A quoi Bougainville répliqua : « On ne dira pas du moins que vous parlez en cheval. » Une des principales raisons qui s'opposait à conclure la paix, notre seule chance de garder le Canada, c'était le fatal traité du 30 décembre 1758 avec l'Autriche, dont l'intérêt commandait de poursuivre la guerre.

En 1759, l'invasion du Canada eut lieu sur trois points à la fois. Du côté de Québec s'avança le général Wolfe, à la tête de 30,000 hommes, appuyés par une flotte de 52 vaisseaux, sous les ordres de l'amiral Saunders. En réunissant les habitants des campagnes à ceux des villes, Montcalm réussit à composer une armée de 17,000 hommes, dont 5,000 de troupes régulières. Un convoi de 17 bâtiments, guidé par le capitaine Canon, célèbre corsaire de Dunkerque, qui suivait Bougainville, amena 326 recrues, des munitions et trois mois de vivres pour les soldats. C'était encore plus que n'avait espéré Montcalm. « On n'avait eu intention d'assembler, » rapporte un témoin oculaire, « que les hommes en état de soutenir les fatigues de la guerre; mais il régnait une telle émulation dans le peuple, que l'on vit arriver au camp des vieillards octogénaires et des enfants de douze à treize ans, qui ne voulurent jamais profiter de l'exemption accordée à leur âge. »

Le siège de Québec commença le 27 juin. Pendant plus de deux mois, Wolfe n'obtint d'autre résultat que celui d'incendier la basse ville et de ravager les environs; il doutait même de la réduction de la place, une des plus fortes du Nouveau Monde, et dans la douleur qu'il en éprouva il tomba malade. A la suite d'un conseil de guerre , où il fit adopter un plan des plus audacieux, il franchit, la nuit du 12 septembre, une montagne escarpée avec l'élite de ses troupes, et les rangea en bataille, sur les hauteurs qui dominent Québec, dans la plaine d'Abraham.

Montcalm n'avait point songé à surveiller ce passage, d'un accès des plus difficiles ; aussi sa surprise à la vue de l'ennemi ne connut point de bornes, et sa prudence habituelle l'abandonna. Au lieu de continuer la résistance à l'abri de remparts inexpugnables, il les quitta précipitamment, se mit à la tête de 4 à 5,000 hommes, et courut offrir le combat aux Anglais, qui l'attendaient de pied ferme. Les deux armées luttèrent avec un acharnement inouï. Quoique cinq fois blessé, Montcalm se conduisit comme le plus brave de ses soldats. Rapporté sanglant dans la ville en ruines, il demanda combien de temps il avait à vivre. « Quelques heures seulement, » répondit le chirurgien. « Tant mieux! » reprit-il, « Je ne verrai pas les Anglais à Québec. » Et comme on lui demandait ses ordres : « Je n'en ai plus à donner, » ajouta-t-il. « Je vous recommande seulement l'honneur de la France. » Il expira le lendemain, 14 septembre 1759, à l'âge de quarante-sept ans. Quatre jours plus tard, la ville capitulait, et le Canada était perdu pour nous.

On sait que le général Wolfe tomba mortellement frappé dans la même bataille. En 1827, le comte de Dalhousie, gouverneur des possessions anglaises, confondant le nom des deux adversaires

Fig. 80. — Monument élevé à Wolfe et à Montcalm, à Québec, en 1827.

dans le même souvenir, leur fit élever à Québec un obélisque de marbre (fig. 80).

La prise de Québec ne mit pas fin à la guerre. Lévis prit le commandement, rassembla les troupes, vengea Montcalm en infligeant une défaite aux Anglais sur le lieu même de leur victoire, et mit le siège devant Québec. La soudaineté de ce revirement allait peut-être décourager l'ennemi lorsqu'une flotte anglaise apparut. Lévis leva le siège, alla se retrancher à Montréal, où il fallut 20,000 hommes pour venir à bout d'une défense dont la gloire de Montcalm a trop souvent fait oublier l'incomparable héroïsme. Il n'y eut pas un seul poste français qui se rendit sans s'être défendu jusqu'à la dernière cartouche. A Niagara, par exemple, les Anglais, maîtres du fort qui avait résisté opiniâtrement, demandèrent où était la garnison : elle se composait de deux ou trois hommes, qui avaient tiré le canon tant que la poudre avait duré.

Le traité de 1763 consacra la perte du Canada.

Nous avons parlé de l'Acadie, qui passa aux Anglais en 1713. L'histoire de cette province ne se confond pas absolument avec celle du Canada. Le premier établissement y fut fondé en 1604 par M. de Monts, qui y créa le fort de Port-Royal (fig. 81), dans la baie Française (aujourd'hui baie de Fundy). Deux ans après, M. de Poutraincourt y amenait quelques agriculteurs, et malgré les tracasseries des Anglais, la petite colonie prospéra. Malheureusement, elle nous fut presque aussitôt ravie et ne nous fit retour qu'en 1667. Jusqu'en 1690, les Acadiens furent réduits à partager leur temps entre la guerre et l'agriculture, à labourer, le mousquet en bandoulière. En 1690, il fallut être tout à la guerre, subir en moins de vingt ans trois invasions qui, à chaque fois, rasaient le sol. Enfin, 4,000 ennemis vinrent à bout de Port-Royal; la garnison, qui avait résisté plusieurs jours, était de 59 hommes. Le gouverneur Subercase avait obtenu d'emporter son artillerie;

comme il ne savait qu'en faire, il la vendit aux Anglais pour payer
ses troupes.

L'Acadie, devenue anglaise, eût au moins dû s'attendre à jouir
de la paix; il n'en fut rien. Les Anglais, jaloux de la richesse des
colons français, inquiets des progrès de la population, qui atteignait près de 10,000 âmes en 1750, cherchèrent un moyen de s'em-

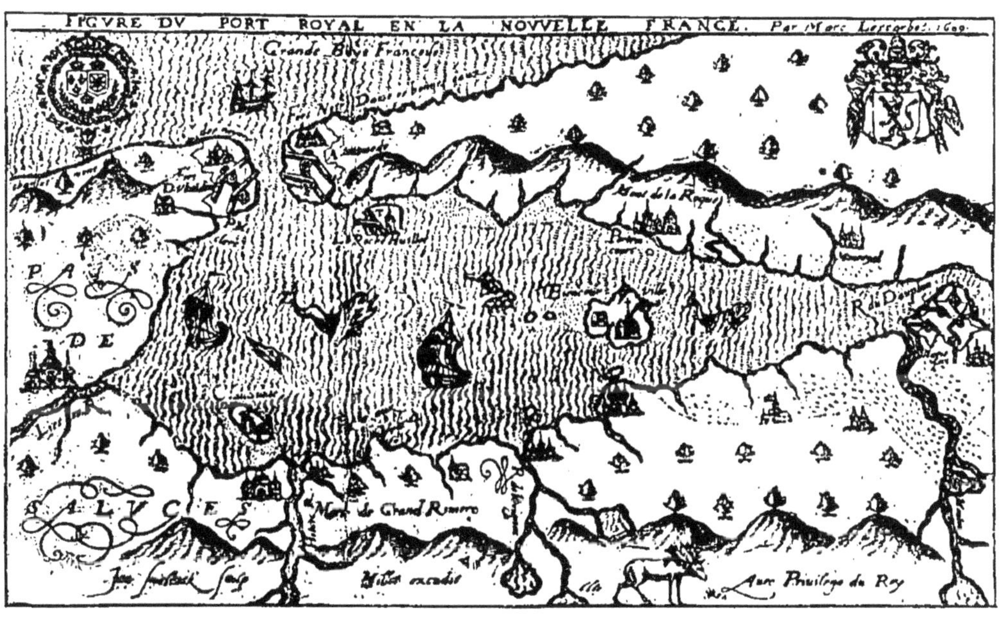

Fig. 81. — Plan de Port-Royal; d'après une gravure de l'*Histoire de la Nouvelle-France*,
par Marc Lescarbot, 1618.

parer, avec une apparence de légalité, des magnifiques cultures
créées par les Acadiens. On les accusa de tentative de révolte, et on
résolut de les déporter en masse. Ils furent convoqués officiellement dans les églises, où se faisaient toutes les réunions; les églises furent cernées, les Acadiens déclarés prisonniers du roi, jetés
à bord d'une flotte qui attendait et envoyés vers les colonies
anglaises. Cette spoliation, qui s'aggravait d'un exil immérité,
pire que la mort, eut lieu en 1755.

Les causes qui avaient amené la perte du Canada ne sont pas toutes d'ordre militaire. Si la colonie avait été plus peuplée, il est hors de doute qu'elle eût opposé une résistance qui eût fini par décourager les Anglais ; mais les progrès matériels du Canada s'étaient trouvés arrêtés presque dès les premiers temps par la défectuosité même de son organisation.

Il avait, d'abord, été trop exclusivement considéré par Champlain lui-même comme une colonie religieuse, et les jésuites achevèrent de fausser l'entreprise en organisant des missions là où il aurait fallu des fermes.

Des réglementations, désastreuses pour nous, favorisèrent la contrebande anglaise et hollandaise, qui finit, dit Caillet, par accaparer, au grand détriment de la colonie, presque tout le commerce des pelleteries. L'émigration n'avait aucun avantage à se porter vers un pays où se reproduisaient, aggravées encore, les injustices sociales de la mère patrie. La dîme, les droits féodaux, les entraves à l'aliénation du sol, existaient au Canada comme en France ; la richesse, grevée et immobilisée, gisait sans utilité entre des mains qui la détenaient sans l'exploiter et, misère pour misère, le paysan français n'avait aucun intérêt à aller souffrir au delà des mers.

Les privilèges de la Compagnie achevèrent d'étouffer tout le progrès naissant. Composée de marchands qui ne visaient qu'au profit immédiat, elle se désintéressa presque complètement de l'agriculture. De plus, oubliant son rôle protecteur, elle abusa de son monopole pour n'importer dans la colonie que des produits inférieurs, qu'elle vendait à des prix arbitraires et décourageants ; en retour, elle achetait à très bon marché les productions du pays, et ce fut une nouvelle source de pertes, dont profita encore la contrebande. Peu à peu, les Indiens s'habituèrent à ne faire leurs échanges qu'avec les étrangers, qui leur offraient des conditions bien plus avantageuses.

Enfin, et sans parler des malversations administratives, le Canada, qui manquait d'agriculteurs, regorgeait d'aventuriers. On pensait bien moins à défricher le sol conquis qu'à s'avancer toujours et de plus en plus vers l'inconnu. Au lieu que la population anglaise, resserrée d'abord entre les Alleghanys et la mer, déborda naturellement, comme un trop-plein dans la vallée de l'Ohio, notre infime population se dissémina sans profit sur un territoire immense, qu'il fallut abandonner à la première alerte. Si nous avions été la seule nation européenne dans l'Amérique du Nord, ce système eût été excellent, mais nous avions des voisins, et ce fut notre perte. C'est cet esprit d'aventure qui nous fit explorer la baie d'Hudson, le Mississipi, la Louisiane, alors que le Canada tout entier ne contenait pas plus de 20,000 colons.

III.

LOUISIANE.

En 1673, deux jésuites, Marquette et Jolyet, accompagnés de cinq ou six courageux compatriotes, remontèrent le Mississipi et parvinrent dans les immenses plaines de la Floride, où l'amiral Coligny avait voulu fonder, en 1564, des colonies protestantes, presque aussitôt détruites par les Espagnols, avec une cruauté dont l'histoire a gardé le souvenir (fig. 82).

Le Canada comptait alors au nombre de ses colons les plus intelligents un gentilhomme français, Robert Cavelier, sieur de la Salle, qui avait établi des comptoirs d'échange sur le cours supérieur du Saint-Laurent; il se proposait de chercher encore à l'ouest un passage à la Chine ou au Japon; mais une carte du Mississipi, que lui communiqua Jolyet, au retour de son excursion en Floride, changea les projets de la Salle, qui se promit de compléter cette découverte, en descendant le fleuve pour trouver son embouchure dans le golfe du Mexique. Il revint en France solliciter l'appui de Seignelay, ministre de la marine, avant d'entreprendre cette expédition; il avait des protecteurs, entre autres le prince de Conti. On eut confiance en lui; on lui donna, outre des pouvoirs très étendus relativement au commerce, l'argent, les hommes, les munitions qui lui étaient nécessaires; et on lui adjoignit un brave officier, Tonti, fils du banquier italien qui avait inventé les *tontines*.

Seignelay leur avait concédé un vaste territoire près du lac Ontario; la Salle retourna en Amérique, au mois d'août 1678, avec Tonti, qui pendant trois ans partagea ses travaux et ses espérances. Il s'était avancé d'abord jusqu'au Niagara et il avait fait construire des forts, pour tenir en respect les tribus indiennes. Il sacrifia les intérêts de sa fortune à ceux des importantes découvertes qu'il comptait faire : sa première expédition eut pour but d'atteindre le Mississipi, en côtoyant les grands lacs et en traversant le pays des Illinois. Sa suite se composait d'une trentaine d'hommes et de trois récollets, l'un desquels était le P. Hennepin, possédé comme lui de l'amour des voyages.

Cette expédition, dans laquelle la Salle dut faire plus de 600 lieues à travers des régions presque inconnues, n'eut pas de résultat, quoiqu'il eût navigué sur la rivière des Illinois, qui se réunit au Mississipi vers le sud. Avant de retourner à son entrepôt commercial de Cataracouy, à 500 lieues de là, il détacha de sa troupe le P. Hennepin et un Français nommé Dacan, en leur ordonnant de remonter au nord le cours du Mississipi jusqu'à la source de ce fleuve, qu'il se réservait de descendre plus tard jusqu'à son embouchure. Le P. Hennepin et son compagnon

Fig. 82. — Les Floridiens adorant la colonne commémorative érigée par René de Laudonnière ; d'après une gravure des *Grands voyages* de Th. de Bry.

suivirent les instructions de la Salle et se trouvèrent arrêtés, vers le 46° degré de latitude nord, par une énorme chute d'eau, qui fermait le passage du fleuve : ils furent faits prisonniers par les Sioux, pleuplade féroce qui les épargna cependant, grâce aux connaissances médicales du P. Hennepin.

Une nouvelle expédition, conduite par la Salle, réussit mieux que les autres.

Il s'embarqua sur le lac Érié (fig. 83), au mois d'août 1681, avec 54 personnes, au nombre desquelles était le chevalier Tonti : il eut à côtoyer, sur une étendue de près de 80 lieues, la rivière des Illinois, qu'il trouva glacée, et arriva enfin au fort Crèvecœur, à la jonction de cette rivière avec le Mississipi (6 février 1682). Puis il entra en canot dans ce fleuve, et il reconnut à l'ouest la grande rivière du Missouri; un mois après, il arrivait, à 45 lieues au-dessous de l'embouchure de l'Ohio, dans le pays des Arkansas, dont il prenait possession au nom de la France, puis chez les Natchez, qui n'avaient jamais vu d'Européens, et qu'il déclara soumis au roi Louis XIV. Enfin, le 9 avril, après une navigation de plus de 350 lieues, sur une simple barque, dans des régions totalement ignorées, il voyait avec une joie indicible l'immense fleuve du Mississipi (fig. 84) s'étendre comme un bras de mer pour aboutir au golfe du Mexique. Il donna à ce fleuve le nom de *Saint-Louis,* en l'honneur du roi de France, et le nom *Louisiane* aux pays adjacents, dont la prise de possession fut marquée par l'érection d'une colonne commémorative.

La France ne se pressa pas d'occuper le territoire qu'elle devait à la persévérance de la Salle. Celui-ci ne fut point heureux dans ses autres voyages d'exploration, en essayant de cultiver les plaines désertes et incultes, où il voulait établir les colons qui lui venaient de France; il périt en 1687, assassiné par les hommes de l'expédition qu'il ramenait au Canada.

« C'est ainsi », fait observer M. Leroy-Beaulieu, « que les Français déployaient, dans cette vie d'aventures, une merveilleuse énergie et les qualités les plus rares de l'intelligence et du caractère. Mais, au point de vue de la colonisation, combien n'eût-il pas été préférable de condenser sur un point limité ces efforts prodigieux si inutilement gaspillés, de se faire agriculteurs ou com-

merçants, mais non chasseurs, soldats ou voyageurs, de tirer
du sol les richesses et les éléments de prospérité qu'il offrait en
abondance! » Nous donnons ces réflexions pessimistes sans nous
y associer entièrement; rien n'est plus inutile que de chapitrer

Fig. 83. — Vue du lac Érié.

un peuple, comme un individu, sur son caractère. Le Français
aventureux a joué son rôle dans le monde; l'Anglais pratique
a joué le sien, fort différent, tous deux légitimes, nécessaires, et,
après tout, d'une pareille utilité.

Comme le Canada, la Louisiane a gardé l'empreinte du génie
français; sa population n'est, à l'heure actuelle, anglaise ni de

mœurs ni de langue ; elle est créole et parle un jargon où nous retrouverions beaucoup de nos mots.

Après la mort de Cavelier de la Salle, quelques autres tentatives de colonisation furent faites dans la Louisiane ; entre autres,

Fig. 84. — Le Mississipi pendant l'inondation.

d'Iberville y construisit des forts à plusieurs reprises, remonta jusque chez les Natchez et essaya, mais en vain, d'intéresser le gouvernement à une plus sérieuse entreprise. En 1712, la Louisiane fut cédée, pour qu'il en tirât parti, à un négociant du nom de Crozat, qui ne réussit pas et rendit au roi sa concession. C'est alors qu'intervint Law, qui mit en actions les mines d'or chimériques de la vallée du Mississipi. Quelques colons prirent le chemin de la Louisiane, alléchés par de fallacieuses promesses, fondèrent la ville de la Nouvelle-Orléans, ne trouvèrent pas d'or, mais du moins un sol très fertile, et aucun n'eut à se repentir de s'être expatrié dans une des plus belles régions du globe.

La Louisiane, qui résista aux Espagnols en 1718, à la révolte des Natchez en 1731, trouva encore le moyen, grâce à l'énergie de son gouverneur M. de Kerleret, d'échapper, en 1756, aux entreprises des Anglais. Elle devait être séparée de la France sans avoir été conquise : l'ordre arriva en 1764 au gouverneur, M. d'Abadie, de remettre ses pouvoirs aux mains des Espagnols.

Pour achever l'histoire de cette colonie, rappelons que restituée à la France, en 1801, elle fut vendue aux États-Unis 80 millions par le premier consul, en 1803. Ce n'était pas cher pour un pays plus grand et plus fertile que la France.

IV.

BRÉSIL ET GUYANE.

Nous avons parlé, au début, d'une tentative d'établissement faite au Brésil par Villegagnon. Il n'est pas inutile d'y revenir avec plus de détails, quand cela ne serait que pour rappeler, ce que beaucoup ont sans doute oublié, que Rio-de-Janeiro a été fondé par des Français (fig. 85).

Nicolas de Villegagnon, après avoir guerroyé par l'Europe pendant plus d'un quart de siècle, fut nommé par Henri II amiral de Bretagne. Il ne s'entendit pas avec le gouverneur de Brest et proposa à Coligny d'aller fonder en Amérique une colonie, où les protestants pourraient pratiquer librement leur foi. Ce projet ayant été agréé, il partit du Havre, le 12 juillet 1555, avec deux bâtiments de 200 tonneaux, et jeta l'ancre, le 10 novembre suivant, dans la baie du Ganabara, appelé depuis par les Portugais *rio Janeiro* (rivière de Janvier). Il bâtit un fort sur un rocher à l'embouchure du fleuve, et noua des relations avec les tribus sauvages ennemies des Portugais. L'arrivée d'un premier convoi d'émigrants, parmi lesquels se trouvaient quatre ministres, semblait assurer l'avenir de la colonie lorsque des discussions religieuses éclatèrent, et Villegagnon, en butte à la haine des colons qu'il menait trop durement, rentra en France (1558), abandonnant à une ruine certaine l'établissement qu'il avait fondé. Trois ans plus tard, les Portugais s'emparaient du fort; mais le vice-gouverneur, Bois-le-Comte, réfugié sur le continent, n'abandonna pas la lutte, et osa même assiéger, en 1561, la ville de San-Paolo, avec le concours de quelques centaines de sauvages.

Vaincus, désarmés, dispersés, les derniers défenseurs du Brésil français périrent dans l'esclavage ou la proscription.

Pourtant, de nouvelles tentatives de colonisation devaient encore être faites par des marins dans les dernières années du seizième siècle. On trouve des comptoirs français au cap Frio, à Itapicura, à Bahia, et quand tous nos établissements permanents furent abandonnés, notre commerce continua ses relations avec les côtes du Brésil pendant que la grande flibuste, corsaires normands et bretons, commençait ces impitoyables croisières qui devaient peu à peu ruiner les colonies portugaises.

Un dernier comptoir français devait être fondé en 1612 à l'embouchure des Amazones, non loin de la Guyane, où nous étions installés depuis longtemps déjà.

Ce dernier établissement, sans donner jamais des résultats bien encourageants, devait, du moins, être durable et résister matériellement à toutes les causes de destruction qui l'assaillirent (fig. 86).

Fig. 85. — Vue de Rio de Janeiro, prise du couvent de Sainte-Thérèse. xviiie siècle.

La dénomination générale de Guyane appartient à toute la région comprise entre l'Orénoque et l'Amazone. Les côtes en furent visitées pour la première fois par Christophe Colomb en 1498; mais les Espagnols n'en prirent pas possession effective (fig. 87) et le champ resta libre aux entreprises. Plus d'un siècle s'écoula néanmoins avant que ce pays fût de nouveau visité par des Européens.

Le climat en était si désastreux qu'il avait refréné toutes les convoitises. Pourtant une légende étrange s'était formée au seizième siècle, qui devait exciter les aventuriers. On disait qu'à la suite de la conquête du Pérou, la famille des Incas s'était réfugiée dans la Guyane, avec d'incalculables trésors, et la ville fantas-

Fig. 86. — Sauvages brésiliens amenés et baptisés à Paris, devant Louis XIII, le 24 juin 1613; d'après une estampe du cabinet Hennin.

tique où elle se cachait avait reçu le nom d'*El Dorado* (la Dorée). Nul, il n'est pas besoin de le dire, ne découvrit jamais la moindre trace de ces richesses fabuleuses, mais cette imagination servit du moins à attirer, dans cette région inconnue, les amateurs d'aventures.

Ce fut en 1604 que quelques Français se fixèrent dans l'île de Cayenne. Cette petite colonie, renforcée bientôt par les huguenots,

que les Portugais avaient chassés du Brésil, est le véritable noyau
de la population créole qui s'est maintenue jusqu'à nos jours. En
1626, un convoi d'agriculteurs vint s'établir sur les bords du
Sinnamary, et de 1630 à 1633, les bords du Conomana recrutent
un nouveau contingent d'émigrants. Peu à peu l'île se peupla, la

Fig. 87. — Christophe Colomb sur sa caravelle pendant son premier voyage aux terres
occidentales; d'après un nielle du XVIᵉ siècle. Bibl. Laurentienne de Florence.

côte fut défrichée, un fort s'éleva, autour duquel prit naissance
une ville, qui devint la capitale de la Guyane française (fig. 88).

. Une première société, fondée par des commerçants de Rouen,
en 1633, pour l'exploitation des pays situés entre l'Orénoque et
l'Amazone, n'obtint aucun résultat. En 1651, les mêmes commerçants reprirent leur projet et fondèrent la Compagnie du cap Nord,
qui envoya à Cayenne 300 hommes, sous le commandement de

Poncet de Bretigny, l'un des associés. Ce Poncet, à peine débarqué, se conduisit avec une telle extravagance, que les colons se réfugièrent dans les bois pour échapper à sa tyrannie. Les Indiens, qui jusqu'alors avaient vécu en bons rapports avec les Français, se soulevèrent contre les nouveaux arrivants, et l'expédition se termina par un massacre général, dont le meurtre de Poncet fut le signal.

Cette fin tragique ne découragea pas les convoitises, et une nouvelle compagnie s'organisa à Paris, sous le nom de « Compagnie de la France équinoxiale ». Composée de douze associés qui prenaient le titre ambitieux des *douze seigneurs,* elle enrôla 7 ou 800 hommes, qui s'embarquèrent au Havre en 1652. L'expédition avait pour chef un gentilhomme normand du nom de Royville. Pendant la traversée, les onze seigneurs qui ne commandaient pas, et qui se croyaient autant de droits que Royville à l'autorité, conspirèrent contre lui et le poignardèrent. Arrivés à Cayenne, ils semblaient avoir pris Poncet pour modèle de leur conduite ; cette fois, les colons, moins patients, pendirent quelques seigneurs, en réléguèrent d'autres dans une île déserte et avaient fini par avoir la paix, sans le double fléau, qui les assaillit en même temps, d'une famine et d'une insurrection des Indiens. Les attaques réitérées des Galibis les forcèrent, en 1654, à se réfugier à Surinam, comptoir que les Hollandais venaient de fonder dans la partie de la Guyane qu'ils s'étaient attribuée, entre l'Orénoque et le Maroni.

Pendant près de dix ans, notre colonie n'exista plus que de nom ; elle manqua même de passer, sans bruit, aux mains des Hollandais, qui, voyant l'île de Cayenne évacuée, étaient venus s'y établir, et commençaient de tirer parti des richesses du pays.

En 1663, une nouvelle compagnie, appuyée par le gouvernement, chassa les Hollandais, puis se fondit avec la grande Compagnie des Indes Occidentales, qui allait exploiter les Antilles. A partir de ce moment, la Guyane vit des jours moins troublés, et put faire de réels progrès. Sous la sage administration du gouver-

Fig. 54. — Vue de Cayenne au XVIIIe siècle.

neur, M. de la Barre, plus de 1,200 colons s'adonnèrent au défrichement, des sucreries s'organisèrent, on cultiva l'indigo et le rocou, qui sert à teindre la soie en rouge. Cayenne se développa, devint l'entrepôt des produits de toutes les plantations voisines. Mais la guerre vint arrêter cet essor : les Anglais dévastèrent la ville, et les Hollandais s'y installèrent quelque temps par surprise.

Placée en 1674, par la suppression de la Compagnie, sous la domination immédiate du roi, la colonie vit encore s'accroître sa prospérité, le commerce étant devenu plus libre. Au siècle suivant, elle acquit une sérieuse importance : on y acclimata la culture du café, du cacao, du coton, et la population atteignit, en 1750, le chiffre de 5,000 personnes, sans compter les esclaves.

En 1763, le gouvernement, voulant réparer la perte du Canada, conçut le dessein de donner un grand développement à la colonisation de la Guyane, et voulut la mettre en état de résister par elle-même aux attaques étrangères et de servir de boulevard aux autres colonies françaises d'Amérique. Une expédition de 12,000 colons volontaires, de toutes les classes, sortis pour la plupart de l'Alsace et de la Lorraine, mit à la voile, à destination de Cayenne. Les îles du Sud et les bords du Kourou les reçurent; mais le mauvais choix des émigrants, l'oubli des précautions nécessaires pour assurer leur logement et leur subsistance, l'imprévoyance inconcevable qui se montra dans toutes les mesures, occasionnèrent la mort du plus grand nombre des colons et entraînèrent une dépense qu'on n'évalue pas à moins de 30 millions de francs. De ces 12,000 individus, il en réchappa environ 3,000, dont les deux tiers durent être rapatriés. Le reste se fixa sur les rives du Kourou et du Sinnamary.

V.

LES ANTILLES.

C'est à l'une des Antilles, Saint-Domingue, que Christophe Colomb aborda à son premier voyage; en 1493, il en découvrit quelques autres, et peu à peu tout l'archipel fut connu et exploré (fig. 89). Les Espagnols ne l'occupèrent pas en entier : ce fut pour eux un point de relâche vers leurs conquêtes du continent.

Plus d'un siècle se passa sans qu'un autre peuple songeât à former quelque établissement dans ces terres abandonnées sitôt que découvertes. Enfin, sous Louis XIII, un navigateur normand, le capitaine Pierre d'Enambuc, parti de Dieppe, en 1625, sur un brigantin portant 4 pièces de canon, quelques pierriers et une cinquantaine d'hommes, se jeta sur l'île de Saint-Christophe pour échapper à la poursuite d'un galion espagnol. Au bout de deux ans, il revint en France solliciter des secours du roi. « Il étonna tellement la cour par son faste, » rapporte Caillet, « que le cardinal de Richelieu, ayant favorablement écouté l'exposé qu'il lui fit des richesses qu'on pourrait tirer de ce pays, loua son zèle et autorisa une Compagnie, dont l'acte d'association fut passé le 31 octobre 1626. Dans la commission donnée par le cardinal à d'Enambuc et à du Rosey, son ami, pour l'occupation de Saint-Christophe et de la Barbade, le roi se réservait un *droit de dixième* sur tout ce qui proviendrait desdites îles, pendant un espace de vingt ans. Il était aussi enjoint à ceux qui prendraient passage pour Saint-Christophe, aux frais de la Compagnie, de s'obliger par-devant les juges à demeurer pendant trois ans avec les capitaines sous lesquels ils s'engageraient. »

Muni de ses lettres patentes, d'Enambuc reprit la mer et arriva à Saint-Christophe, où il trouva les Anglais établis en son absence; il fallut, pour avoir la paix, partager l'île avec eux. D'autres obstacles surgirent, dont il vint à bout par sa persévérance et son courage. Il triompha du climat, de l'inexpérience des colons, battit à plusieurs reprises les Espagnols, qui prétendaient à la possession de tout ce qui avait été découvert par leurs navigateurs, obligea les Anglais à respecter le traité de partage, enfin organisa la colonisation, qui ne tarda pas à prospérer.

Encouragé par ce premier essai, d'Enambuc songea à s'emparer des îles voisines. Son lieutenant, l'Olive, avec un gentilhomme nommé du Plessis, prirent en 1633, possession de la Guadeloupe; 400 agriculteurs y furent installés. La même année, d'Enambuc, lui-même, mit la main sur la Martinique et y fonda un établissement, qui devint la ville de Saint-Pierre. Trois ans plus tard, il mourait (1636), laissant l'Olive gouverneur de toutes les possessions françaises aux Antilles. Ce dernier fit à la race indigène des Caraïbes une guerre acharnée, et déporta ce qu'il en restait à la Dominique et à Saint-Vincent. Cette race n'est pas absolument anéantie à l'heure actuelle; on en trouve encore quelques familles, qui se confondent par leurs mœurs et leur langage avec les mulâtres.

« En 1638, » dit Roy, qui a écrit l'histoire des colonies françaises, « le chef d'escadre Louvilliers de Poincy fut nommé par la Compagnie capitaine général de Saint-Christophe, qui était demeuré le centre de la colonisation des îles françaises. La culture principale de ces colonies était alors le tabac, dont on avait multiplié les plantations outre mesure. Cette production tomba bientôt à vil prix. Poincy convint avec le chef des îles anglaises d'en interdire la culture pendant dix-huit mois dans toutes les plantations de leur dépendance, de crainte que la dépréciation de cette denrée ne rebutât l'Europe et ne la fît renoncer à ce commerce avec les colonies. Cette mesure fut exécutée partout, excepté à la Guadeloupe, où l'Olive, qui y commandait encore, s'opposa à son exécution. » Ce fut grâce à cette prohibition que d'autres cultures s'introduisirent dans les îles; un règlement arbitraire fut ainsi une des causes de la prospérité des Antilles françaises.

La culture se faisait alors au moyen de travailleurs blancs, que l'on dénommait *engagés*. C'étaient des émigrants qui avaient fait

Fig. 89. — Découverte des Antilles, par Christophe Colomb; d'après un dessin qui lui est attribué, et placé dans *l'Epistola Christofori Columbi*, sans date, in-8°.

la traversée aux frais de la Compagnie, et qui, en retour, étaient tenus à trois années de travail sur les plantations. A l'expiration de ce terme, ils recevaient une concession gratuite de terres, dont l'étendue était d'environ 1,000 pas de longueur sur 200 de largeur. On commençait aussi à employer des nègres, que fournissait la traite; bientôt le nombre en fut assez grand pour rendre inutiles les engagés. Cependant, les blancs ne cessèrent pas de travailler aux plantations jusqu'en 1738.

En ce temps, des rivalités entre les commandants de chacune des îles amenèrent des troubles graves et une véritable guerre civile. Quand la paix fut rétablie (1647), les Antilles étaient ruinées. La Compagnie, ne pouvant plus faire face aux charges qui l'accablaient, chercha à vendre ses possessions. Le neveu d'Enambuc, du Parquet, acheta, en 1651, pour 60,000 livres, la Martinique, Sainte-Lucie, la Grenade et les Grenadines; à la même époque et pour le même prix, augmenté d'une rente de 600 livres de sucre, le marquis de Boisseret devint maître de la Guadeloupe, de Marie-Galande, de la Désirade et des Saintes; enfin, M. Louvilliers de Poincy fit acheter, par l'ordre de Malte, dont il était commandeur, moyennant 120,000 livres, la partie française de Saint-Christophe, ainsi que Saint-Martin, Saint-Barthélemy, Sainte-Croix et la Tortue. Le roi approuva ces différentes cessions, réserve faite de la souveraineté et du droit d'hommage à chaque nouveau règne.

Pendant cette seconde période, l'agriculture fit des progrès; mais une révolte des noirs en 1656 mit les colonies dans un tel état que leur ruine semblait prochaine, lorsque Colbert intervint et détermina Louis XIV à racheter toutes les Antilles françaises. Cette négociation coûta à la couronne 243,000 livres.

Une nouvelle compagnie fut alors fondée, sous le nom de *Compagnie des Indes occidentales*. Elle avait le privilège exclusif du commerce et de la navigation dans les mers de l'Amérique, et le gouvernement lui rétrocédait tous les droits qu'il venait d'acquérir. Une partie de Saint-Domingue fut jointe au domaine. Ce régime dura dix ans et n'amena aucune amélioration dans le sort précaire des Antilles; il y eut des troubles, favorisés par les Anglais, et des commencements de révolte, causés par les entraves mises à la liberté du commerce. Lors du retour à la couronne, qui eut lieu en 1674, les Antilles furent assimilées au territoire français, les colons considérés comme *régnicoles* et la liberté du commerce assurée à tous.

C'est ici le lieu de parler des boucaniers.

Vers 1635, des aventuriers français vinrent s'établir sur la côte septentrionale de l'île de Saint-Domingue, occupée en partie par les Espagnols, et ils se recrutèrent peu à peu parmi tous ceux de leurs compatriotes des colonies voisines, auxquels la tyrannie des privilèges commerciaux enlevait le libre exercice de leur industrie. Ils cherchèrent, dans la chasse aux bœufs sauvages qui peuplaient les immenses forêts de l'île, des moyens de vivre, de se vêtir et aussi de trafiquer. A mesure qu'on tuait un animal, on l'écorchait, on le coupait par quartiers, et on le transportait dans de grandes loges ouvertes, où la viande était rôtie ou fumée, la peau séchée. C'est ce qu'on appelait *boucaner*; chaque loge était un *boucan*. Les boucaniers ne connaissaient d'autres lois que les conventions qu'ils avaient faites entre eux; ils ne dépendaient de personne, et chacun d'eux avait à sa suite plus ou moins d'engagés, ainsi qu'une meute de vingt ou trente chiens. Quand ils avaient réuni le nombre de cuirs ou la quantité de viande fumée qu'ils voulaient livrer aux marchands, ils allaient les vendre à la Tortue ou sur la côte (fig. 90).

Les Espagnols, craignant de voir les boucaniers, qui étaient presque tous Français, s'emparer de tout Saint-Domingue, leur firent une guerre à outrance. Désespérant de vaincre des adversaires si acharnés, ils s'avisèrent de mettre fin à la lutte en s'attaquant aux animaux qui l'avaient fait naître : à force de battues générales bien dirigées, ils détruisirent les bœufs jusqu'au dernier. Réduits à cultiver la terre, les boucaniers fondèrent des établissements, et la France leur envoya, en 1665, un gouverneur intelligent. Cette vie paisible trouva toutefois des opposants, qui se réfugièrent à la Tortue et formèrent le noyau d'une association nouvelle d'aventuriers de toutes nations, devenus fameux sous le nom de *flibustiers*.

De 1691 au traité d'Utrecht (1713), les Antilles furent en proie à des attaques incessantes, à grand'peine repoussées. Pendant les trente années de paix qui suivirent, le commerce se développa dans des proportions inespérées, et la Martinique, en particulier, atteignit un très haut point de prospérité. « Grâce à son heureuse situation et à la sûreté de ses ports, elle devint le chef-lieu et le marché général des Antilles françaises. L'Europe ne connaissait que la Martinique. La culture du café, qui y fut introduite en 1725 par le capitaine Desclieux, se répandit bientôt dans les autres îles et devint, pour elles, une nouvelle source de bien-être. On peut se faire une idée de ce qu'était le commerce de ces colonies par les documents officiels, publiés par le ministre de la marine pour l'année 1736. Le montant des exportations s'élevait à 16 millions de livres tournois ; à la même époque, les ports de France expédiaient jusqu'à 200 bâtiments par an pour la Martinique, et les rapports commerciaux des îles avec les côtes de l'Amérique espagnole et les colonies du nord de l'Amérique jetaient, sur le marché des Antilles françaises, une somme annuelle de près de 20 millions. »

Pendant la guerre de la succession d'Autriche qui éclata en 1741, les colons de la Martinique portaient tous leurs capitaux vers l'armement des corsaires. « Leurs succès maritimes furent glorieux, sans doute ; ils leur procurèrent même des prises importantes, puisqu'on porte à 30 millions la valeur des 950 bâtiments que les corsaires enlevèrent à l'ennemi. » En 1755, les Anglais reprenaient

Fig. 90. — Un boucanier; d'après un dessin du xviiᵉ siècle.

l'offensive. Une flotte de 22 bâtiments de guerre portant 8,000 soldats attaqua la Martinique. Ce grand déploiement de forces fut vain; sous la direction du gouverneur général, le marquis de Beauharnais, la tentative de débarquement fut repoussée. Les Anglais furent plus heureux contre la Guadeloupe, qui se rendit en 1759, après trois mois de blocus. En 1762, une nouvelle escadre, plus formidable encore que la première, avait raison de la Martinique.

L'interrègne du drapeau français fut court, puisque la paix de Versailles (1763) nous rendit ces deux îles, faible compensation pour la perte des immenses territoires que nous cédions dans l'Amérique septentrionale. La guerre de l'indépendance eut son contre-coup aux Antilles. Le gouverneur, M. de Bouillé, s'empara de plusieurs îles anglaises, et il se flattait de nous conquérir l'archipel entier, lorsque le combat naval de la Guadeloupe, où Rodney battit le comte de Grasse, détruisit cet espoir. La paix de 1783 nous confirma seulement dans nos anciennes possessions.

En 1789, la Martinique et la Guadeloupe réunies avaient une population de plus de 200,000 habitants, et leurs exportations dépassaient la somme de 60 millions de livres.

VI.

L'AFRIQUE.

Ce ne fut pas avant le commencement du dix-septième siècle que le gouvernement royal songea à protéger les intérêts de son commerce et de sa marine en Afrique, où les marchands dieppois et rouennais avaient, depuis un long temps, établi des comptoirs. On ne voit pas, en effet, que la France ait montré son pavillon sur la côte occidentale de ce continent, où les bateaux normands continuaient à faire le cabotage, comme à l'époque de Jean de Bethencourt.

Henri IV n'avait pas d'autre marine qu'un petit nombre de galères dans la Méditerranée, employées contre la piraterie d'Alger et de Tunis; il ne porta jamais ses vues sur l'Afrique pour y fonder des colonies et ne se préoccupa que de celle de Madagascar, qui était née d'elle-même, et qu'il n'eut pas le temps de favoriser, en l'adoptant. Mais Richelieu, qui avait créé la marine militaire, essaya de sauvegarder la marine marchande par des traités de paix avec les États barbaresques. Quelques bâtiments de guerre, sous la conduite du commandeur de Razilly, avaient été envoyés « par le commandement du Roi », en 1629 et 1630, sur les côtes occidentales des royaumes de Fez et de Maroc; le résultat de cette expédition fut un traité conclu avec les habitants de Salé. Ce *Voyage d'Afrique,* raconté par Jean Armand, dit Moustapha, « Turc de nation, lequel eut un emploi audit voyage, » fut imprimé à Paris, en 1631.

Il y eut d'autres voyages sur les côtes d'Afrique, pendant le règne de Louis XIII; le commerce, qui en avait l'initiative, en supportait tous les frais, et ne comptait pas sur le concours du roi et de son premier ministre. Par exemple, Claude Jannequin, sieur de Rochefort, qui séjourna plusieurs années au Sénégal et qui ne rentra dans sa ville natale, à Châlons, qu'en 1639, écrivit et publia, en 1643, un très curieux *Voyage au royaume de Sénégal.*

Depuis une époque reculée, il y avait eu des comptoirs normands dans cette partie de l'Afrique. On en fait remonter l'origine à l'an 1363, où des négociants de Rouen et de Dieppe, unis dans une association, commencèrent à trafiquer tout le long des côtes, depuis l'embouchure du Sénégal jusqu'à l'extrémité du golfe de Guinée. C'est alors que furent successivement formés les établissements français de la rivière Sénégal, de la rivière Gambie, de Sierra-Leone, de Malaguette, du *Petit-Dieppe,* du *Petit-Paris,* de la Mine d'Or, sur la côte de Guinée, d'Acra, de Cormentin.

Mais les guerres qui désolèrent la France au quinzième siècle arrêtèrent, en Normandie, les entreprises maritimes. Le commerce avec l'Afrique cessa presque complètement, et nos comptoirs, hormis toutefois celui du Sénégal, devinrent la proie des Portugais, des Espagnols, des Anglais, des Hollandais.

Aux premières années du seizième siècle, néanmoins, nous reparûmes en maîtres dans ces parages, et le trafic reprit un nouvel essor.

En 1626, une compagnie de riches marchands de Rouen et de Dieppe forma, à l'embouchure du grand fleuve du Sénégal, un établissement, qui fut géré par des gouverneurs jusqu'en 1664 (fig. 91). Les Normands cédèrent alors leurs établissements à la *Compagnie des Indes occidentales,* que Colbert venait d'instituer, et à laquelle il adjoignit une Compagnie du Sénégal et d'Afrique. André Brue fut envoyé en Afrique, comme directeur et commandant général pour cette dernière société.

Il visita tous les comptoirs, mit un terme à de grands abus qui s'étaient glissés dans l'administration, traita avec les chefs indigènes dont le territoire était traversé par le fleuve, et se fit craindre, aimer et respecter. Il avait le projet de changer l'itinéraire des caravanes qui apportaient de l'intérieur du continent leurs marchandises, que le commerce anglais arrêtait au passage sur la rivière de Gambie; il voulait aussi exploiter des mines d'or et d'argent, qu'il avait découvertes dans la Nigritie; mais le mauvais état des affaires de la compagnie, que Colbert semblait abandonner, découragea l'intelligent directeur, qui demanda sa retraite et qui ne réussit pas mieux, trente ans plus tard, lorsqu'il fut appelé de nouveau au même poste.

Le principal commerce de cette compagnie au Sénégal ne tarda

pas à être la traite des nègres, qui commençait à produire de gros
bénéfices aux Antilles et dans toutes les colonies tropicales de plantation ; mais ce trafic, tout florissant qu'il était, ne couvrit pas ses
frais généraux, et un arrêt du conseil du roi l'obligea, en 1672, de
vendre ses établissements.

« Depuis lors jusqu'en 1719, six compagnies se succédèrent dans

Fig. 91. — Indigoterie au Sénégal, d'après une gravure de Séb. Leclerc. xviiᵉ siècle.

la difficile exploitation de ce pays : *Compagnie d'Afrique, Compagnie du Sénégal, Compagnie de Guinée, Compagnie d'Apougny* (nom d'un directeur), *Compagnie d'Occident*. A cette date,
la Compagnie des Indes, fondée, ou plutôt restaurée par le fameux
Law, acquit tous les droits, privilèges, établissements, comptoirs,
et forteresses du Sénégal pour la somme de 1,500,000 livres tournois ; la société qui vendait faisait un bénéfice de 1,200,000 livres
sur le prix qu'elle avait elle-même payé quelques années aupara-

vant au sieur d'Apougny. Le simple rapprochement de ces deux sommes suffit à montrer que le Sénégal avait acquis un certain état de prospérité depuis le commencement du siècle.

« La Compagnie des Indes eut exclusivement l'administration civile et militaire des établissements français d'Afrique. Cette administration, qui dura plus d'un demi-siècle, fut toujours paternelle. Les directeurs nommés par elle surent profiter des fautes de leurs prédécesseurs ; soutenus par la protection royale, ils s'appliquèrent surtout à entretenir l'union et la paix entre les différents peuples du pays. La Compagnie fonda ou releva plusieurs comptoirs sur les côtes et dans l'intérieur de la concession : Portendic au nord, Saint-Louis (fig. 92) ; Podor, sur le Sénégal ; Saint-Joseph et Saint-Pierre, dans le royaume de Galam ; Gorée, Joal, Albreda, sur la rivière de Gambie ; Bintam, sur la rivière de Gérèges. Tous ces comptoirs étaient bien tenus et donnaient de grands produits : elle s'apprêtait à tenter de nouvelles entreprises lorsque la guerre vint arrêter le cours de sa prospérité. »

Les Anglais s'emparèrent en 1758 du Sénégal et de Gorée, mais ce dernier établissement nous fut restitué par le traité de 1763 et, le 30 janvier 1779, nous reprenions de force le Sénégal. En 1789, le commerce des divers comptoirs montait pour les exportations à plus de 20 millions.

L'île de Madagascar, dont quelque navigateur de Nantes avait pris possession sur deux ou trois points de la côte, eut même de bonne heure une sorte de colonie française, qui n'était qu'un comptoir commercial, dont Henri IV avait essayé de faire une place forte. Un voyageur français, qui crut devoir cacher son nom sous les initiales J. D. M. G. T., avait publié, dès 1615, une *Histoire du grand et admirable royaume d'Antangil, incogneu jusqu'à présent à tous historiens et cosmographes ;* or ce royaume n'était autre que l'île de Madagascar, qui avait été nommée *l'île de Saint-Laurent*, lorsqu'elle fut découverte par les Portugais (1506), et non par les Anglais. Ces derniers prétendaient s'en emparer, mais les premiers établissements que les marins bretons y avaient créés continuaient à s'accroître. Ce n'est qu'à partir de 1642 que Louis· XIII les prit sous sa protection, en les reconnaissant comme dépendant des possessions françaises. Ces établissements n'en furent pas moins exposés à de fréquentes attaques, de la part des indigènes et de leurs alliés européens.

En 1642, une compagnie de l'Orient se forma sous les auspices du roi, et, l'année suivante, elle expédia un navire, qui avait mission de porter à Madagascar les sieurs Pronis et Foucquembourg, avec 12

Fig. 92. — Saint-Louis du Sénégal, au dernier siècle.

Français sous leurs ordres, pour composer le noyau d'une colonie. Malgré plusieurs renforts qu'il reçut, Pronis avait si mal choisi le siège de son premier établissement que presque tous ses gens furent décimés par les fièvres; il émigra dans un endroit plus salubre et qu'il nomma Fort-Dauphin. Les nouveaux venus, aigris contre lui, se révoltèrent à diverses reprises, et la Compagnie, instruite de cet état de désordre, finit par envoyer dans l'île Étienne de Flacourt, protégé de Fouquet, pour y prendre le commandement en chef (1648).

Flacourt rétablit la paix et sut la maintenir avec tant de fermeté que, s'il y eut des murmures, on n'en vint point à une rébellion ouverte. Plusieurs districts inconnus de Madagascar et quelques petites îles du voisinage furent explorés par ses ordres. Toutefois, au lieu de se borner à lier avec les indigènes (fig. 93) des relations commerciales, il eut le tort de s'immiscer dans leurs querelles particulières, non pour faire triompher la cause de la justice, mais pour partager avec eux les dépouilles de leurs ennemis. Cette conduite peu loyale exposa les colons à des représailles : on massacra ceux qui s'écartaient du fort, on vola les convois de vivres, on tenta d'assassiner leur commandant. Ce n'est pas que les attaques des indigènes fussent bien dangereuses, car il y avait à peine une dizaine d'entre eux qui possédassent des mousquets; un jour même, il suffit de tirer un coup de canon pour en mettre en fuite plusieurs milliers qui étaient venus assiéger le fort. Au lieu de tâcher de les ramener par la douceur à de meilleures dispositions, Flacourt les traita avec une rigueur excessive : il brûlait et pillait les villages, tuait les habitants et faisait exposer sur ses remparts les têtes des rebelles.

Ayant entendu dire que les intéressés de la Compagnie avaient cédé leurs droits au duc de la Meilleraye, il remit à Pronis le commandement de la colonie et passa en France, en 1655, pour s'informer de l'état des choses. Il fut nommé directeur général de la Compagnie, et comme il se rendait une seconde fois au Fort-Dauphin, il se noya en mer (1660). Deux ans avant sa mort, il

Fig. 93. — Races variées de Madagascar.

publia une *Histoire de la grande isle de Madagascar*, écrite avec beaucoup de sincérité, mais sans aucune méthode; ses descriptions d'histoire naturelle, en particulier, ont toujours été fort estimées.

Il fallut le puissant essor donné au commerce par le génie de Colbert pour relever la colonie de Madagascar. Une nouvelle société fut fondée en 1664, sous le titre de *Compagnie Orientale*, et sur le modèle des compagnies anglaises. Son capital ne s'élevait pas à moins de 15 millions de livres, somme considérable pour l'époque; le roi figurait dans la souscription pour un tiers, la cour pour 2 millions, et pour autant les officiers de finances; les parlements pour 1,200,000 livres; Rouen, Bordeaux et Tours, pour 1,100,000, et les marchands de Paris pour 650,000. L'île devait porter le beau nom de *France orientale*, avec le Fort-Dauphin pour chef-lieu. La prise de possession en eut lieu, dans des formes solennelles, en 1665, et le vice-roi, M. de Montdevergue, arriva en 1669, amenant avec lui, sur une flotte de 19 navires, un procureur général, quatre compagnies d'infanterie, dix gérants de colonisation, des trafiquants et un certain nombre de femmes.

La Compagnie royale avait mal dirigé ses opérations, mal choisi ses postes et accepté pour agents des aventuriers sans pudeur ou des nobles ruinés; d'odieuses dilapidations gaspillèrent en peu de temps l'énorme capital souscrit. A ces ferments de dissolution il faut ajouter la mésintelligence des chefs, les hostilités des naturels, la détestable administration intérieure. Malgré un secours de 2 millions qu'elle reçut encore de Louis XIV, la Compagnie fut obligée de faire, en 1670, remise de ses droits à la couronne. Montdevergue fut rappelé en France, quoiqu'il eût gouverné avec sagesse, et remplacé par M. de la Haye; celui-ci, qui ne connaissait pas le pays, ne tarda point à s'en dégoûter et l'abandonna (1671). Dès lors, les Français cessèrent d'habiter l'île d'une façon permanente.

Un siècle plus tard, deux tentatives furent faites pour reprendre pied à Madagascar. La première, conduite par M. de Mandave, échoua par l'insuffisance des ressources pécuniaires (1768); la seconde fut une romanesque aventure plutôt qu'une entreprise sérieuse. Un Hongrois, le comte Béniowski, qui s'était distingué

Fig. 94. — Vue de Port-Louis, chef-lieu de l'île de France, maintenant île Maurice.

dans la lutte de la liberté polonaise contre les Russes, obtint du duc de Choiseul une somme de 2 millions pour un projet d'établissement à la baie d'Antongil (1774). Brave, actif, affable, hardi jusqu'à la témérité, il acquit rapidement une grande influence sur les indigènes, qui l'élevèrent à la dignité royale, dans une assemblée où plus de 50,000 d'entre eux vinrent se prosterner à ses pieds. Il leur fit accepter une constitution, dont le principal article contenait l'établissement d'un conseil suprême, composé de 22 membres et devant exercer le pouvoir avec lui. Dans l'intention vraie ou fausse de conclure avec la France un traité qui assurât l'exportation des produits de l'île, Beniowski s'embarqua pour l'Europe à la fin de 1776. Son absence dura près de dix ans, et quand il reparut à Madagascar (1785), après avoir obtenu quelques subsides des États-Unis, ce fut en état de rébellion déclarée contre le roi de France. Assiégé dans un fort par des troupes qu'avait envoyées le gouverneur de l'île Bourbon, il fut blessé à mort, le 23 mai 1786.

Non loin de Madagascar se trouvent deux îles, dont l'histoire coloniale est plus importante, l'île de France et l'île Bourbon. Possédée par les Hollandais de 1640 à 1712, la première avait reçu d'eux le nom d'*île Maurice* (fig. 94), la seconde est appelée maintenant île de la Réunion.

Découverte en 1545 par le navigateur portugais Mascarenhas, l'île Bourbon devint en 1642 la propriété de la Compagnie des Indes orientales : M. de Pronis, son agent à Madagascar, s'en était emparé au nom du roi de France. Ce fut le successeur de Pronis, M. de Flacourt, qui lui donna, en 1649, son nom de *Bourbon;* elle portait alors celui d'*île Mascareigne,* qui est resté l'appellation géographique de toutes les îles de ce groupe. Le premier établissement sérieux y fut fondé, en 1664, par un sieur Regnault, et dès lors, attirés par le renom de salubrité de la nouvelle colonie, les émigrants s'y vinrent fixer en assez grand nombre. En 1688, d'immenses concessions y furent faites à sept Français, qui apportaient des plans d'exploitation et de grands capitaux. Ces

Fig. 95. — Voyage en palanquin à l'île Bourbon (île de la Réunion), au xviiie siècle.

sept colons sont les véritables ancêtres de la vieille population blanche de l'île Bourbon (fig. 95).

La culture du tabac, qui avait dominé d'abord, fut peu à peu remplacée, à partir de 1717, par celle du café, dont quelques pieds ou quelques graines avaient été apportés d'Arabie. Le seul défaut de ce charmant et fertile coin de terre était le manque d'un abri sûr pour les vaisseaux. Après avoir cherché en vain à y créer un port, la Compagnie jeta les yeux sur l'île de France, qui en possédait un excellent. Les Hollandais venaient de l'abandonner (1721); elle fut immédiatement occupée par un poste français, et la colonisation s'y développa très vite; en moins de vingt-cinq ans, elle devint le centre de notre navigation dans ces mers, et, après la ruine de notre empire indien, elle fut le point où se rassemblèrent les corsaires, qui devinrent la terreur du commerce anglais.

Ces îles connurent deux époques particulières de prospérité, sous le gouvernement de la Bourdonnais et sous celui de l'illustre voyageur Poivre. C'est ce dernier qui introduisit dans la culture des deux îles le giroflier, le muscadier, le poivrier, le cannelier, le riz et plusieurs autres plantes d'un bon rapport.

VII.

INDE.

Il nous reste à parcourir un troisième continent pour terminer ce résumé de l'histoire coloniale de l'ancienne France. L'Europe n'avait jamais cessé d'avoir des relations commerciales avec l'Inde, mais les routes terrestres, depuis qu'elles étaient tombées aux mains des musulmans, manquaient de sécurité, et aucune grande entreprise ne pouvait être tentée de ce côté tant qu'une voie directe et libre n'avait pas été trouvée.

Cette découverte échut au navigateur portugais Vasco de Gama, qui doubla le cap de Bonne-Espérance et aborda en 1498, à Calicut, sur la côte de Malabar. Les Portugais ne tardèrent pas

à mettre à profit la découverte de leur compatriote; ils fondèrent
des établissements, qui prirent assez vite une considérable extension, autour de la ville de Goa, organisèrent un empire colonial,
dix ou quinze fois grand comme leur propre pays; longtemps ils

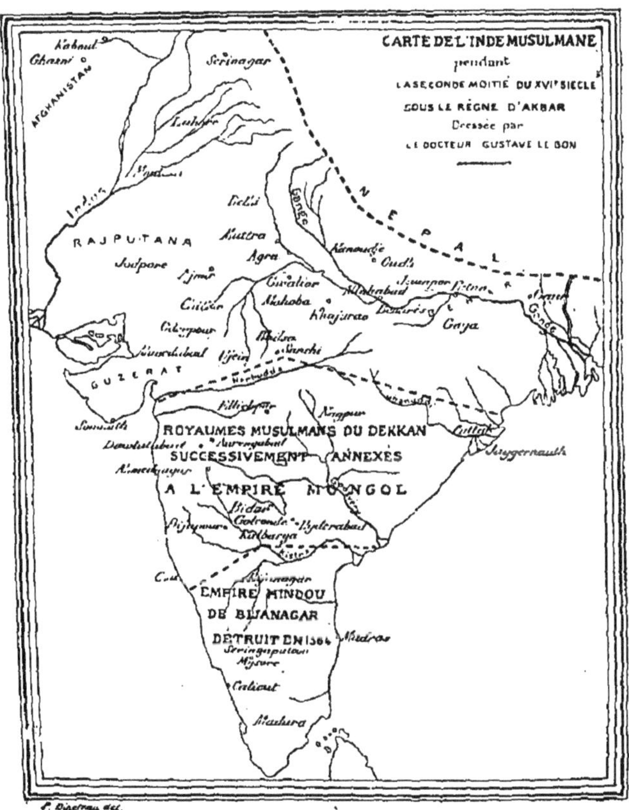

Fig. 96. — Carte de l'Inde au XVIe siècle.

furent seuls à fréquenter par mer les côtes de l'Inde. Enfin, un
Hollandais, Cornelis Houtman, réussit, pendant un séjour à Lisbonne, à dérober à un pilote le secret de la route exacte qu'il fallait suivre, et mettant à la voile, secondé par des armateurs
d'Amsterdam, il aborda, en 1595, aux îles de la Sonde.

Le mystère s'était évanoui. Malgré toutes leurs précautions, la guerre sans merci qu'ils firent aux navires de commerce étrangers qui s'aventuraient dans ces parages, les Portugais ne purent empêcher presque toutes les nations européennes de tenter des établissements rivaux des leurs (fig. 96).

Les Hollandais avaient aussitôt organisé cette fameuse Compagnie des Indes qui a si fort enrichi leur patrie, et qui fut un modèle d'organisation coloniale; bientôt, les Anglais, les Suédois, les Danois suivirent leur exemple. En 1601, la France se mêla au mouvement général; une compagnie fut fondée, qui envoya aux Indes quelques navires sous le commandement de Pyrard. Cette première expédition échoua; deux autres, qui furent tentées en 1616 et 1619, eurent quelque succès; mais les armateurs et marchands de Dieppe, en 1635, n'obtinrent qu'un résultat absolument décourageant.

Cependant, sur la route des Indes, les Français avaient eu l'occasion de visiter une grande île, jusque-là dédaignée, Madagascar, où il sembla que des établissements pouvaient être fondés avec profit. Le cardinal de Richelieu goûta cette idée, et une compagnie fut organisée en 1642, laquelle devait devenir, après diverses modifications que lui fit subir Colbert en 1664, la Compagnie des Indes orientales.

La nouvelle société était fondée, ainsi que nous l'avons dit plus haut, au capital de 15 millions, avec privilège exclusif pour cinquante ans du commerce et de la navigation dans les Indes orientales et dans toutes les mers qui s'étendent du cap de Bonne-Espérance au détroit de Magellan; ses convois seraient exemptés de tous droits d'entrée et de sortie et pourraient être protégés par la marine royale; une disposition spéciale anoblissait ceux qui prendraient part à ses opérations commerciales. Sous réserve des droits de la couronne, la Compagnie était maîtresse absolue dans les territoires qu'elle pourrait soumettre ; sur les vingt et un directeurs, le roi en nommait trois, ce qui donnait au gouvernement une certaine influence dans les conseils de la société.

Après quelques essais à Madagascar, la Compagnie attaqua les Indes, sous les ordres de François Caron. Issu d'une famille protestante réfugiée dans les Pays-Bas, Caron avait longtemps servi dans la compagnie hollandaise ; il apportait l'expérience nécessaire dans une entreprise de ce genre. On lui conféra le titre de directeur général du commerce français dans l'Inde. Il débarqua à Surate, qui lui parut un endroit favorable (1668), et y fonda une factorerie. L'année suivante, il en installa une autre sur la côte opposée, à Masulipatam, avec le concours d'un Persan nommé Marcara, qui s'était attaché à sa fortune. Caron ne considérait ces deux établissements que comme des entrées en matière ; il visait à s'établir dans la grande île de Ceylan ; mais, l'expédition qu'il conduisit contre Trinquemale n'ayant pas réussi, il s'empara, en 1672, de vive force, de Saint-Thomé (Meliapour), comptoir fondé par les Portugais sur la côte de Coromandel, près de Madras. L'audace de Caron fit peur à la Compagnie ; il fut rappelé et périt en mer, sur la rade de Lisbonne. Saint-Thomé faisait retour aux Portugais, deux ans plus tard.

François Martin, le nouveau gouverneur général, reprit heureusement les projets de Caron. C'était un Parisien, ancien garçon épicier, qui avait débuté, dans la Compagnie des Indes, par les plus modestes emplois, avait montré de l'intelligence, rendu des services, de plus en plus importants, à mesure qu'il montait en grade, à Madagascar, à Surate, dans le Carnatic. C'était lui qui avait dirigé la défense de Saint-Thomé. Quand la place fut prise, il se rendit, avec sa garnison, au village de Pondichéry (Boudoutchery), qui lui parut propre à devenir une station avantageuse ; il acheta le terrain au petit sultan de Beydjapour (fig. 97), y organisa une factorerie et revint à Surate, où il ne tarda pas à recevoir la nouvelle de sa nomination. Confiant dans l'avenir de nos entreprises, il fit venir près de lui sa famille, puis se consacra tout entier à ses fonctions d'administrateur. Grâce à lui, les affaires de la Compagnie prospérèrent et s'étendirent : il fallut bientôt scinder les possessions françaises en deux gouvernements : Martin fut nommé au Coromandel et son gendre, Boureau-Deslandes, au Bengale.

De Pondichéry, simple village, Martin s'ingénia à faire une véritable ville, pourvue de magasins et flanquée de fortifications; il appela des colons, et les alentours furent défrichés; il forma une petite armée de mercenaires, origine première des régiments de cipayes. Au rebours des Portugais et des Hollandais, qui dominaient par la terreur, il sut se faire aimer de l'intelligente population hindoue et prépara à la France des alliances indigènes, qui devaient, du moins, retarder sa défaite. Les Hollandais, qui avaient en vain essayé d'armer contre nous le prince qui avait cédé Pondichéry, s'émurent de la prospérité de l'établissement français. En 1693, ils l'attaquèrent avec 3,500 hommes et 50 pièces de canon; Martin fut obligé de capituler, après quatorze jours de siège : il n'avait d'autre armée que 40 soldats et 300 cipayes.

Transporté en France par ses vainqueurs, Martin reçut une nouvelle commission de la Compagnie, et, honoré de lettres de noblesse, revint dans l'Inde continuer son œuvre. Il alla au Bengale, où Boureau-Deslandes avait singulièrement développé le petit établissement de Chandernagor, qui avait été cédé en 1676; ensuite, la paix de Ryswick nous l'ayant restitué en 1697, il regagna Pondichéry.

La station avait gagné, pendant la domination hollandaise, en richesse et en sécurité; aussi Martin n'eut-il qu'à persévérer pour arriver à son but, qui était de créer une véritable capitale. Il devait

Fig. 97. — Ruines du palais des sept étages (XVIIe siècle), à Beydjapour.

y réussir, puisqu'à sa mort Pondichéry était peuplé de plus de
5o,ooo habitants. Rarement, et peut-être jamais, pareil résultat

fut-il atteint en matière de colonisation. Martin mourut en 1706 : il doit être considéré, malgré les premiers efforts de Caron, comme le véritable fondateur de l'Inde française.

De 1707 à 1735, huit gouverneurs se succédèrent à Pondichéry, qui ne firent guère que maintenir l'œuvre au niveau où Martin l'avait portée. Dans l'intervalle, la Compagnie avait failli sombrer au milieu des entreprises financières de Law, et elle ne se releva qu'à grand'peine sous la sage administration de Lenoir, (1726-1735), ancien négociant qui, du moins, servit les intérêts du commerce. A Lenoir succéda Dumas, qui fut comme le précurseur de Dupleix, sut changer en durable amitié l'hostilité du rajah mahratte Ragodgi contre les Français, après l'avoir habilement amené à lever le siège de Pondichéry. Il fut assez adroit pour contracter en même temps alliance avec un autre prince, ennemi de Ragodgi, Sufder-Ali, qui lui décerna le titre de *nabab*; ce titre, devenu héréditaire pour les gouverneurs, les mit sur le même pied que les souverains de la péninsule. Dumas obtint encore, en 1739, du rajah de Tanjour, la concession de Karikal et d'un important territoire aux alentours.

A la suite de cette négociation, le gouverneur, fatigué d'un long séjour dans l'Hindoustan, revint en France (1741); sa retraite eût été une véritable perte, si on ne lui avait donné Dupleix pour successeur.

Né à Landrecies, le 1ᵉʳ janvier 1697, fils d'un contrôleur général du Hainaut, Joseph Dupleix, après une jeunesse assez indisciplinée, fut embarqué par son père, à l'âge de dix-huit ans. Il visita l'Inde et l'Amérique, et, à peine de retour à Paris, dut reprendre la mer, en 1726, retourner dans l'Inde, cette fois, il est vrai, avec le titre de commissaire des guerres. Lenoir s'intéressa bientôt à lui et le nomma secrétaire du conseil; dans ce poste, Dupleix put se familiariser avec les affaires qu'il aurait à diriger un jour (fig. 98). Il en profita d'abord personnellement en inaugurant un nouveau système commercial, qui le mit à même de s'enrichir : au lieu d'acheter argent comptant les denrées de l'Inde, il les échangea contre des

Fig. 98. — Joseph Dupleix (1697-1763); d'après un portrait du temps.

produits venus de France : c'était contraire aux principes de la Compagnie, mais les résultats montrèrent que Dupleix avait raison. Une disgrâce de quatre ans dont il fut frappé lui laissa le loisir de faire sa fortune.

Lorsque la Compagnie, revenant sur son jugement, lui offrit de reprendre du service, en 1730, ce fut pour le nommer gouverneur de Chandernagor. Ce comptoir était dans l'état le plus précaire; il s'agissait, selon les termes mêmes de Dupleix, « du rétablissement d'une colonie manquant de tout, et d'où l'indolence, le relâchement de la discipline, la pauvreté, ont à jamais banni le commerce ». Il fit preuve, dans l'exercice de ses fonctions, d'une habileté tout à fait hors ligne et d'un zèle irréprochable. Quelques années plus tard, Chandernagor, où l'on trouvait à peine quelques chaloupes, possédait une flotte de commerce de plus de 70 bâtiments, qui trafiquaient jusqu'aux îles de la Sonde, jusqu'en Chine et au Japon. La ville s'agrandit : 2,000 maisons en briques s'élevèrent, ainsi que de vastes magasins, de magnifiques résidences et des chantiers de construction pour la marine. En même temps, le jeune gouverneur sut y attirer des industriels intelligents qu'il associait à ses entreprises, et cette factorerie, dont le commerce avait été jusque-là si languissant, devint un des marchés les plus considérables du Bengale.

Ces résultats magnifiques firent appeler Dupleix à Pondichéry, en qualité de gouverneur général de nos établissements dans l'Inde (1741).

Dans la même année, il se mariait, et sa femme a joué un assez grand rôle personnel dans les événements qui vont suivre pour qu'il soit nécessaire de s'y arrêter un instant. Fille d'un sieur Albert, Jeanne était, par sa mère, une Castro, de la famille de l'illustre Jean de Castro, vice-roi des Indes pour le Portugal. Elle avait épousé en premières noces M. Vincent, médecin de la Compagnie au Bengale, et en avait eu plusieurs enfants. Agée de trente-trois ans lors de son second mariage, elle avait conservé toute sa beauté et joignait à ses agréments naturels une intelligence tout à fait supérieure et une instruction des plus nourries. Elle connaissait à fond l'histoire de l'Inde, les mœurs du pays, le caractère des indigènes, et parlait couramment les principaux dialectes de la presqu'île. Sous le nom que lui donnèrent les Hindous, *Begoum Joanna,* ou princesse Jeanne, elle devint populaire parmi eux, en même temps qu'elle exerçait sur les rajahs une véritable fascination. Ce mariage était fort heureux pour Dupleix ; de plus, la fortune de sa femme, ajoutée à la sienne, le rendit assez riche pour lui permettre de disposer personnellement de tout l'argent nécessaire à l'exécution de ses desseins.

A cette époque, en effet, il avait conçu le projet grandiose de donner pour base à la domination française d'immenses possessions territoriales. Dans ce but, il avait noué des rapports avec les princes du pays, s'était initié à leurs rivalités, avait approfondi leur politique et leurs intérêts. Jugeant nécessaire d'adopter les noms et les habitudes des indigènes pour mieux gagner leurs sympathies, il commmença par se faire décerner le titre de *rajah;* il ne sortit plus dès lors que sur un palanquin richement orné, et suivi de gardes à cheval, vêtus d'écarlate et couverts de broderies d'or. Il recevait les princes hindous ou leurs ambassadeurs avec un faste véritablement oriental, et n'en continuait pas moins à suivre le négoce partout où il y avait de grands bénéfices à réaliser.

L'empire mongol, l'empire des conquérants de l'Inde, dont la capitale était à Delhi (fig. 99), s'écroulait, battu en brèche par les rajahs indépendants. Ne serait-il pas possible de prendre part à la curée, de former un État indépendant qui donnât à la France le rang qui était dû dans l'Inde à un puissant royaume? On pouvait réunir, par des négociations, d'utiles alliances. La guerre même n'effrayait pas Dupleix, car il jugeait les armées indigènes hors d'état de résister à de bonnes troupes européennes bien commandées, encore que très inférieures en nombre. S'il n'y avait eu à compter qu'avec les rajahs, la réalisation de ce plan eût été facile, mais Dupleix savait qu'un obstacle redoutable se dresserait devant lui : la rivalité des Anglais. Sans doute, les deux royaumes étaient en paix, mais trop d'intérêts les divisaient; une guerre était inévitable qui se propagerait jusqu'aux colonies, comme cela avait eu lieu déjà, à plusieurs reprises, en Amérique. Dans cette prévision, Dupleix mûrissait le projet d'enlever Madras, capitale des établissements de nos rivaux.

La politique du nouveau gouverneur général commençait à inquiéter sérieusement la compagnie anglaise, lorsque la guerre éclata en Europe entre la Grande-Bretagne et la France (1744). Le cabinet de Versailles, voulant sauvegarder les intérêts du commerce, proposa au gouvernement britannique une convention de neutralité en faveur des deux compagnies; ce que les Anglais rejetèrent bien loin, leur but secret étant d'anéantir notre puissance coloniale dans une contrée où ils prétendaient régner sans partage. Ils se hâtèrent donc d'envoyer une forte escadre dans la mer des Indes.

De son côté, Dupleix préparait activement ses moyens de défense et complétait les fortifications de Pondichéry. Dès le début des hostilités, ses alliances lui furent du plus grand secours. Anaverdi-Khan, nabab du Carnatic, signifia aux Anglais que, s'ils attaquaient Pondichéry, il saccagerait Madras. Effrayé par cette menace, l'amiral Barnett n'osa tenter le coup de main qu'il méditait. Ce premier succès lui fit bien augurer de l'avenir, et la confiance de Dupleix s'accrut encore lorsqu'il apprit, en 1746, que le gouverneur de l'île de France, Mahé de La Bourdonnais, s'apprêtait à lui venir en aide (fig. 100).

C'était un marin de premier ordre, qui allait joindre ses efforts à ceux de Dupleix. Il connaissait l'Inde, où il avait servi, en 1725,

dans l'escadre de M. de Pardaillhau, qui allait bloquer Mahé;
chargé de la majeure partie des opérations militaires. Il fit établir
un radeau de son invention, par le moyen duquel les troupes purent débarquer à pied sec et presque en ordre de bataille; la ville

Fig. 99. — Entrée du palais des empereurs mongols, xviie siècle, à Delhi.

fut prise, et en souvenir de ce service, il lui fut permis d'ajouter
le nom de *Mahé* à celui de sa famille. Comme Dupleix, il se livra
ensuite à des entreprises commerciales et en retira des bénéfices
immenses. Quand la Compagnie des Indes songea à mettre un
terme aux désordres qui menaçaient de ruiner ses intérêts dans
les îles de France et Bourbon, elle y envoya La Bourdonnais
avec de pleins pouvoirs (1735). Arsenaux, magasins, fortifications,

quais, moulins, hôpitaux, chantiers de marine, il créa tout en moins de quatre ans, sans parler des cultures nouvelles qu'il introduisit.

Il était en correspondance suivie avec Dupleix, et tous deux, animés de la même activité dévorante, avaient déjà échangé leurs vues ambitieuses, décidés qu'ils étaient à passer outre aux ordres pusillanimes de la Compagnie. Lorsque la guerre éclata, La Bourdonnais n'avait pas un vaisseau; en attendant ceux qu'on lui avait promis, il recruta des nègres, fit couper des bois à Madagascar, et arma en guerre plusieurs bâtiments de commerce. En prenant la mer, il comptait 9 navires d'un rang inférieur, à l'exception de *l'Achille*, 1,800 matelots, et environ 2,000 soldats, français pour une moitié seulement. C'est avec de si faibles moyens qu'il n'hésita point à se mesurer avec l'escadre régulière et plus forte de l'amiral Peyton, à la hauteur de Negapatnam, sur la côte du Coromandel (26 juin 1746).

La lutte fut violente. A un moment douteux, La Bourdonnais donna l'exemple de l'acharnement en prenant la tête avec le vaisseau qu'il montait, *l'Achille*. La nuit interrompit la bataille, laissant la victoire en suspens. Le lendemain matin, la flotte anglaise avait disparu; il n'osa la poursuivre, se trouvant trop démuni par six mois de mer et des avaries graves, et cingla vers Pondichéry, où il entra le 8 juillet.

Après quelques divergences d'opinion sur la conduite à suivre, La Bourdonnais, quoique d'assez mauvaise grâce, céda devant les plans de Dupleix et alla assiéger Madras, comptoir très florissant. Le gouverneur général avait aplani les difficultés de l'entreprise en s'assurant de la neutralité d'Anaverdi. Madras, bien fortifié, ne fit cependant qu'une résistance médiocre. Dès le premier coup de canon, les Anglais demandèrent à entrer en pourparlers. Le gou-

verneur Morse offrit un million à La Bourdonnais, s'il voulait lever
le siège : « Messieurs, répondit celui-ci, je ne vends point l'honneur ;
le pavillon du roi flottera sur Madras, ou je mourrai au pied
de ces murailles. »

Fig. 100. — Mahé de La Bourdonnais (1699-1753); d'après un portrait du temps.

A peine le bombardement eut-il recommencé que trois jours après
Morse capitula (10 septembre). Sans avoir perdu un seul homme, et
grâce à une énergie qui sut en imposer, La Bourdonnais faisait tomber en son pouvoir une ville de 250,000 habitants (fig. 101), pourvue de remparts en bon état, défendue par 5 ou 6,000 soldats et 300
bouches à feu. Il faut malheureusement ajouter qu'il avait rendu

sa victoire en quelque sorte inutile en approuvant un des articles de la capitulation, qui portait que la ville serait remise aux Anglais, moyennant le paiement de 1,100,000 pagodes à l'étoile (10 millions de francs environ). La belle parole citée plus haut n'était qu'un mot; on est contraint d'avouer que La Bourdonnais, pour prix de cette complaisance, avait accepté en secret précisément ce million qu'il refusait tout haut. Ce dernier fait n'a été connu qu'assez tard, par l'*Histoire de l'Inde* du major Malleson, et, comme la preuve en a été donnée, il n'est pas possible de le mettre en doute.

La Bourdonnais put donc accuser, tout à loisir, Dupleix de mauvaise foi, lorsque le gouverneur général refusa de reconnaître la clause qui rendait inutile la prise de Madras. Il soutenait que le vainqueur avait outrepassé ses pouvoirs, qu'il n'aurait pas dû faire si bon marché d'une conquête qui annulait momentanément la puissance anglaise. Sans entrer dans tous les détails d'une rivalité où La Bourdonnais montra un fâcheux entêtement, ajoutons qu'après avoir toujours eu le vilain rôle il dut céder et se rembarquer. Madras resta en notre pouvoir. Jeté à la Bastille à son retour en France (1748), il réussit à se disculper, en noircissant Dupleix; cet intraitable caractère ne plia que devant la mort. Une attaque d'apoplexie l'enleva, le 9 septembre 1753. Le rôle de La Bourdonnais aux Indes, tout d'occasion, terni, à la fin, par une conduite indigne, laisse dans l'indécision celui qui voudrait le juger. Seul et maître de ses mouvements, il eût été incapable d'une défaillance : ce fut sa jalousie contre Dupleix qui l'emporta hors de son devoir.

Cependant, Anaverdi-Khan n'était pas resté neutre sans une arrière-pensée, celle de recouvrer Madras; il menaçait les Français de mettre 10,000 hommes en campagne, s'ils n'évacuaient la ville. Dupleix, malgré l'écrasante infériorité de ses ressources, s'obstina à conserver cette conquête, qu'il avait eu tant de mal à défendre contre celui-là même à qui la France la devait.

Fig. 101. — Hindous des environs de Madras.

La Bourdonnais ayant rembarqué ses troupes, on trouva à grand'peine 230 Français et 700 cipayes, qui furent envoyés de Pondichéry, sous les ordres d'un intrépide officier nommé Paradis. Le gouverneur de Madras, d'Éprémesnil, fit coïncider une sortie de sa garnison avec l'arrivée de Paradis, qui avait été exactement calculée par Dupleix au 4 novembre. Un cours d'eau séparait la petite armée de secours des 10,000 assiégeants; Paradis se jeta dans un gué, tomba sur l'ennemi stupéfait, pendant que d'Éprémesnil l'assaillait de front. Les Hindous prirent la fuite, non sans avoir subi de grandes pertes. « Il y avait longtemps, dit M. de Jancigny, que les Portugais avaient prouvé par leur exemple la supériorité même d'une poignée d'Européens sur les bandes désordonnées dont se compose une armée asiatique; mais, depuis lors, le souvenir de leurs victoires était presque oublié; Français et Anglais étaient accoutumés à regarder le Grand Mogol comme un puissant souverain, contre lequel il n'y avait pas de résistance possible avec les faibles moyens dont ils disposaient. Le charme fut définitivement rompu par la victoire de Dupleix, et les officiers des deux nations y reçurent un enseignement qu'ils allaient bientôt mettre en pratique aux dépens de tous les princes indigènes. »

Quelques Anglais parvinrent à sortir de Madras, après cette victoire, et, parmi eux, un obscur commis de la Compagnie anglaise, Robert Clive.

Dupleix ne s'arrêta pas là : il voulait chasser complètement les Anglais du Coromandel. Une expédition fut dirigée sur leurs établissements de Saint-David et de Gondelour, au sud de Pondichéry; elle ne fut pas heureuse, mais Dupleix prit sa revanche en négociant un nouveau traité d'alliance avec Anaverdi, que les Anglais s'étaient momentanément attaché.

Bientôt après, l'aspect des affaires changea, par suite de l'arrivée d'une flotte anglaise, forte de 13 vaisseaux et de 19 bâtiments de transport, montés par 4,700 soldats. Se voyant en force pour prendre l'offensive, les Anglais résolurent de frapper un coup décisif en attaquant Pondichéry à la fois par mer et par terre (4 août 1748). D'abord, ils perdirent beaucoup de temps à réduire un petit fort éloigné d'une lieue de la ville, puis ils ouvrirent les tranchées à une telle distance que l'artillerie ne put produire de l'effet, et, avant que cette erreur fût corrigée, la saison des pluies arriva. Quant à Dupleix, toujours énergique, il grandissait encore dans les difficultés; il songeait à tout, improvisait des moyens de défense, élevait des redoutes, enflammait le courage de la petite garnison, et mettait à profit, avec un tact admirable, toutes les fautes de l'ennemi. Après cinquante-huit jours de bombardement, d'assauts réitérés et une perte considérable d'hommes, l'amiral Boscawen fut réduit à lever le siège. Frappé de ce succès, le Grand Mogol, lui-même, envoya à Dupleix une lettre de félicitations. La France ne fut pas ingrate : il reçut la croix de commandeur de Saint-Louis, avec le cordon rouge honoraire, parfois accordé aux gouverneurs de colonies.

Le traité d'Aix-la-Chapelle (1748), au moment où le siège de Pondichéry était levé, mettait à néant la plupart des efforts de Dupleix : Madras dut être rendu aux Anglais. Les deux nations se retrouvèrent exactement placées sur le même pied qu'avant la guerre; mais, au lieu de conserver la paix, elles ne songèrent plus, l'une et l'autre, qu'à exploiter la faiblesse des gouvernements indigènes en agrandissant de plus en plus le cercle de leurs opérations militaires.

Sans tarder un instant, Dupleix résolut de mettre à exécution le plan qu'il avait conçu. Il fallait d'abord conquérir le Carnatic, vaste territoire dont Pondichéry faisait partie. La mort de Nizam-el-Molouk, soubab du Deccan, presque aussitôt suivie de celle du nabab du Carnatic, lui offrit une occasion favorable. Leurs héritiers légitimes, Naser-Djoung et Anouar-eddin, se virent disputer le trône par Mouzafer-Djoung et Tchanda-Sahib. Ayant uni leurs intérêts, les deux prétendants rassemblèrent une armée de 40,000 hommes, et employèrent tous les moyens pour gagner l'alliance de Dupleix. Celui-ci, tenté dans son ambition, se déclara prêt à les soutenir, et leur envoya deux officiers d'un mérite reconnu, MM. d'Auteuil et de Bussy, avec 2,300 soldats, dont 400 Français seulement.

« Les armées combinées se mirent en mouvement, » dit M. de Jancigny, « pour aller attaquer Anaverdi, le nabab régnant, campé en personne à Ambour, dans une position très forte, qui commande l'un des principaux défilés par lesquels on entre dans le Carnatic. Il avait jeté sur le ravin un retranchement couronné par du canon; d'Auteuil s'offrit pour donner l'assaut à ces lignes, avec la poignée de Français dont il était suivi. Les chefs indiens acceptèrent la proposition, fort satisfaits de laisser à un autre les dangers de cette audacieuse entreprise. En effet, l'artillerie de l'ennemi, nombreuse et bien servie, repoussa d'abord deux attaques; mais l'amour-propre des Français, exalté par leur petit nombre même et par la présence de trois armées qui les regardaient faire, finit par emporter ces lignes. Non contents de ce premier succès, ils se précipitèrent droit sur le corps principal, où se trouvait le nabab, monté sur son éléphant, et entouré de ses meilleurs cavaliers; ils étaient à peine parvenus jusqu'à lui lorsqu'un soldat le tua, d'un coup de fusil. » La déroute s'ensuivit complète; 60 éléphants (fig. 102), l'artillerie, les bagages, un butin immense, tombèrent aux mains des vainqueurs (août 1749). Les Français reçurent, pour leur part, 76,000 roupies, et Dupleix obtint la cession d'un territoire autour de Karikal, comprenant 80 *aldées* ou villages.

Alors il persuada à Mouzafer que son intérêt était de poursuivre Naser jusque dans Golconde (fig. 103). Appuyé par les Anglais et fort d'une armée qu'on évalue à 3oo,ooo hommes, Naser se préparait à une défense sérieuse. Mouzafer fut battu. Néanmoins, Dupleix allait obtenir du vainqueur des conditions qu'on n'exige ordinairement

Fig. 1o2. — Éléphants employés comme porteurs.

que d'un vaincu, lorque la petite troupe française, composée de soldats d'aventure, aussi indisciplinés que braves, se mutina et força ses chefs à battre en retraite. Mouzafer fut pris et chargé de chaînes. Dupleix, loin de se laisser abattre, maintint ses premières prétentions : une attaque nocturne, extrêmement hardie, effraya le soubab, qui leva le camp, tandis que ses alliés, les Anglais, regagnaient Saint-David.

Cependant, le fils du nabab du Carnatic, Mohammed-Ali, s'avançait et menaçait, à son tour, Pondichéry. Il fut battu et alla s'abriter à Djingy, ville qui commandait tout le Carnatic. S'emparer de Djingy, c'était terminer la campagne et avoir achevé la conquête rêvée ; mais, située au pied de trois montagnes escarpées, elle était défendue par trois citadelles, dont une ceinture d'ouvrages avancés fermait les avenues. Bussy se chargea de la prendre.

Le marquis de Bussy-Castelnau avait fait toute sa carrière militaire dans l'Inde, où il était venu avec La Bourdonnais. Intelligent autant que brave, il accepta une mission où plus d'un autre eût hésité : pour mieux dire, ce fut lui qui fit à Dupleix la proposition presque insensée que celui-ci accueillit pourtant sans hésitation.

« Il le laissa donc partir, » dit un historien de l'Inde française, « avec 250 Français, 1,200 cipayes et 4 canons. C'était sans doute une bien petite armée, mais son chef avait su lui inspirer l'ardeur et la résolution dont il était lui-même animé. Arrivé, le 11 septembre 1750, devant Djingy, Bussy commença aussitôt l'attaque. Après avoir refoulé dans la ville les troupes qui en défendaient l'approche, et gravi à leur suite les pentes par où l'on montait jusque sous les murs, il fit sauter l'une des portes avec un pétard et pénétra dans la place ; il livra, de rue en rue, des combats acharnés ; le soir, il était maître de la ville. Mais comment s'y maintenir, quand le lendemain, au point du jour, les batteries des trois citadelles qui dominaient Djingy concentreraient tous leurs feux sur nos soldats ? Sous peine de perdre le fruit de cette première victoire, il fallait, la nuit même, conquérir tous les forts. Bussy forme trois détachements ; il donne l'ordre de dresser les échelles, d'escalader les rochers. Dans ces trois assauts simultanés, les assiégeants rivalisent d'élan, d'intrépidité : tout cède sous

leurs coups. Au lever de l'aurore, le drapeau français flottait sur
les trois citadelles.

« Quand les vainqueurs purent, à la lumière du soleil, se rendre compte des obstacles qu'ils avaient eu à vaincre, ils furent
étonnés de leur succès. En apprenant qu'une place, réputée jus-

Fig. 103. — Gingée, vue prise du sommet de la forteresse.

qu'alors imprenable, avait été, malgré sa nombreuse garnison,
enlevée en quelques heures par une poignée de Français, les princes hindous furent frappés de stupeur. Dupleix, qui reprenait toutes ses espérances, n'avait pas assez d'éloges pour le héros de
Djingy. « L'on ne peut voir, écrivait-il, rien de plus grand que ce
Bussy. »

Dupleix consentit à traiter aux conditions suivantes : pour Mouzafer, la liberté et une principauté; pour Tchanda, la nababie du

Carnatic. Après bien des hésitations, Naser se décida à subir les conditions posées par Dupleix, mais sans franchise, car tout en parlant de paix, il continuait de s'avancer d'une façon assez menaçante sur Pondichéry. Dupleix lui rendit ruse pour ruse et, tout en négociant le traité, il fit attaquer le soubab par La Touche, à la tête de 800 Français et de 3,000 cipayes.

La résistance des Hindous fut plus vigoureuse qu'ils n'en paraissaient capables. La bataille semblait même perdue, lorsque soudain La Touche voit, sur une tour que portait un éléphant, hisser un drapeau blanc, le drapeau français. C'était le signal convenu entre des conjurés que les intrigues secrètes de Dupleix avaient suscités autour du soubab. Presque en même temps, de l'armée hindoue s'élève un immense clameur : Mouzafer, qui avait été condamné à mort et que les conjurés avaient délivré, apparaît, et pendant qu'un prince tue Naser d'un coup de carabine, on proclame le protégé de Dupleix soubab du Deccan, et tous s'empressent de lui rendre hommage.

C'était une victoire menée comme un coup de théâtre. Dupleix excella comme nul autre à ces combinaisons, dont la profondeur n'excluait pas l'ingéniosité.

Le nouveau soubab inaugura son pouvoir en créant Dupleix nabab de toutes les provinces du sud, depuis le fleuve Krichna jusqu'au cap Comorin : c'était l'établir souverain d'une contrée égale à la France en étendue, avec 200 lieues de côtes. De plus, il lui accordait, à titre de fief personnel, pour lui et ses descendants, le territoire de Valdaour. Enfin, la possession de Mazulipatam et d'Yanaon (fig. 104) était accordée à la Compagnie, avec une extension de territoire à Karikal, d'un revenu annuel d'un million de livres. A tous ces avantages était encore ajouté le droit de battre monnaie, et de mettre un poisson sur ses étendards, faveur réservée aux plus grands personnages de l'empire.

Dupleix accepta tout, sauf la nababie du Carnatic; il ne voulait gouverner que de façon occulte. Il entrait dans ses plans que les Hindous se crussent toujours libres, et, politique très sensée, il

Fig. 104. — Le comptoir d'Yanaon, à l'embouchure du Godavery.

aimait mieux commander aux nababs qui avaient l'autorité souveraine que de commander, lui étranger, directement aux peuples. Il pria donc Mouzafer de choisir à sa place Tchanda. Cet acte de désintéressement porta à son comble l'étonnement des princes, et le peuple ne fut pas loin de considérer comme un personnage d'ordre surnaturel celui qui méprisait ainsi les biens de la terre.

La Compagnie, timorée, comme il sied à une réunion de commerçants, s'effraya des victoires de Dupleix; mais il est plus surprenant de voir les ministres d'alors partager leurs idées. On écrivit à Dupleix que « l'on préférait la paix à des conquêtes, » que d'ailleurs *on ne voulait pas se rendre une puissance politique dans l'Inde.* Cette dernière phrase, qui est textuelle, montre bien que la conduite de Dupleix n'était pas appréciée à sa juste valeur, et qu'on ne se rendit jamais bien compte de l'importance de la position qu'il avait déjà acquise. Mais, par le fait même de l'immense éloignement de la métropole, Dupleix était le maître, et comme il ne demandait ni troupes ni argent, il était difficile de contrecarrer ses projets.

Sur ces entrefaites, pendant qu'il se dirigeait vers Golconde, escorté par l'armée française, Mouzafer fut tué dans une escarmouche (1751), en traversant les domaines du nabab de Caddapa. La situation était critique. Bussy comprit qu'il fallait proclamer sans retard le nom du nouveau soubab, et, dans une réunion des princes, il leur proposa ou plutôt leur imposa Salabet-Djoung, fils de Nizam-el-Molouk, qui avait donné des gages de docilité. « Ainsi, » suivant la remarque d'un écrivain, « il avait suffi de 300 Français, perdus dans l'Hindoustan, pour donner un souverain à 35 millions d'hommes! » On se remit en marche, et bientôt, après une halte à Haïderabad (fig. 105), Bussy installait triomphalement Salabet dans Aurengabad, sa capitale.

Les Anglais, voyant combien leur prestige, leur sécurité, leur commerce, étaient menacés, expédièrent soudain de nombreux renforts à Madras. Dupleix, bien qu'à peu près abandonné à ses seules ressources, sans même pouvoir obtenir l'envoi de soldats qu'il s'engageait à entretenir à ses frais, ne sentit pas fléchir un instant son énergie. Même sa renommée passant jusqu'en

Indo-Chine, il osa former le projet de conquérir les deux pres-

Fig. 105. — Porte monumentale à Haïderabad. XVII° s.

qu'îles. Le roi du Pégu lui octroya une concession à Siriam, plus
de terre que la Compagnie n'autorisa Dupleix à en accepter. Tout

ce que les Anglais ont réalisé en plus d'un siècle, même la possession de la Birmanie, il y serait arrivé beaucoup plus vite si on l'avait laissé faire.

Il ne manquait plus, pour assurer à la France la domination du Carnatic, que la ville de Trichinopoli, où Mohammed-Ali s'était fortifié. Dupleix eut d'abord l'espoir d'achever cette conquête sans coup férir, Mohammed offrant de reconnaître Tchanda et de livrer la ville en échange d'une autre principauté dans le Deccan; mais les Anglais réussirent à lui faire changer d'idée et le décidèrent à la résistance, en lui envoyant deux corps de troupes, d'environ 2,000 combattants. Les Français, de leur côté, entrèrent en campagne, et d'Auteuil, rencontrant les Anglais, les culbuta à quinze lieues de Trichinopoli. Ces derniers se reformèrent sous les murs de la ville, puis à la vue de l'avant-garde française, qui les avait poursuivis, se réfugièrent en toute hâte dans l'enceinte des forteresses. Vieux et malade, d'Auteuil n'eut pas l'énergie de commander une attaque de vive force; il se contenta d'établir l'investissement, puis demanda son rappel. Jean Law, neveu du célèbre financier, le remplaça, et jamais Dupleix, qui pourtant se connaissait en hommes, n'avait eu la main si malheureuse. Le siège n'avançait pas.

Selon le conseil d'un jeune lieutenant, nommé Clive, le gouverneur de Madras organisa une diversion sur Arcot. Robert Clive, qui devait donner l'Inde aux Anglais, était le fils d'un gentilhomme sans fortune du Shrewsbury; il avait, à cette époque, vingt-six ans. Employé dans la Compagnie depuis sept ans, il y avait végété, avait tenté de se suicider (cette fin était sa destinée); après la prise de Madras, il avait demandé et obtenu de servir dans l'armée. Dans cette nouvelle carrière, il se fit remarquer du major Lawrence, qui ne dédaignait pas ses avis.

Clive fut chargé de l'exécution du plan qu'il avait conçu : parti avec 200 Anglais et 1,000 cipayes, il entra dans Arcot le 11 septembre 1751. Une tentative que nous fîmes pour reprendre Arcot échoua, et les efforts des deux armées ennemies se retrouvèrent bientôt concentrés autour de Trichinopoli. Dupleix, qui sentait l'importance de la partie qui se jouait, réussit à réunir sous les murs de la ville près de 3,000 soldats français et 30,000 Hindous; malheureusement son lieutenant Law était incapable d'un de ces coups de main à la Bussy.

Pendant que le siège continuait, une diversion fut tentée sur Madras, par le fils de Tchandà; mais il se laissa atteindre, fut battu, et les Anglais disposèrent d'un corps de secours, que Lawrence dirigea sur la ville assiégée. Law manœuvra avec tant d'indolence, qu'au bout de cinquante jours il leva honteusement le camp et se réfugia dans l'île de Sheringam. En vain ses lieutenants et Tchanda lui-même protestèrent contre une conduite qui pouvait aboutir à un désastre. D'Auteuil tenta de le dégager, il ne réussit qu'à être cerné et pris. Le même sort attendait Law, qui mit bas les armes et fut fait prisonnier avec tous les siens.

Tandis que se passaient ces graves événements et que l'impéritie d'un officier compromettait, comme à plaisir, les plans les mieux combinés de Dupleix, Bussy soutenait l'honneur de la France dans le nord du Deccan.

A Aurengabad, où nous l'avons laissé avec Salabet, le nouveau soubab, un parti s'était formé pour renverser notre protégé et donner le trône à Ghazi-eddin. Celui-ci étant mort tout à coup, empoisonné par sa belle-mère, la position de Salabet s'affermit. Néanmoins, Bussy ne se sentait pas assez fort pour se maintenir longtemps maître d'un pays où tant de rivalités se déchaînaient, et il ne savait quel parti prendre, lorsque Dupleix, qui venait, par ses espions, de saisir les fils d'un complot, lui rendit son énergie en lui ordonnant d'agir.

Une ferme attitude suffit pour que les mutins demandassent merci. Le ministre qui nous trahissait acheta sa grâce en conseillant lui-même au soubab de nous céder une partie de son territoire. Toute la côte, avec Mazulipatam pour capitale, devint française depuis le Bengale jusqu'à la Krichna. C'était un royaume d'une superficie de près de 3,000 lieues carrées. Le revenu des diverses provinces qui le composaient montait à environ 14 millions de livres; elles étaient, d'ailleurs, riches en produits de toutes espèces.

Tel était le point où Dupleix, avec son seul génie, ses seules ressources, et sans demander à l'Europe aucun secours, avait su porter notre puissance dans l'Inde. « Il fit la guerre, non pour l'amour de la guerre, puisque lui-même n'était point militaire et ne commandait pas les armées, mais parce que la guerre et la conquête lui parurent l'unique moyen de donner à nos établissements une base stable et les arracher à cette condition précaire où les réduisait une faiblesse qui laissait leur existence à la merci des caprices ou de la cupidité du moindre nabab, soumis pour sa part à toutes les chances d'instabilité qui dévoraient si rapidement tous les pouvoirs de la péninsule. » Dupleix aimait, en effet, si peu la guerre que, malgré les échecs du Carnatic, il se crut assez fort des succès obtenus au nord par Bussy pour pouvoir honorablement proposer la paix; il en fit les ouvertures, mais les prétentions des deux parties étant inconciliables, les négociations furent presque aussitôt rompues.

Le grand résultat qu'il avait obtenu donna à Dupleix la force de supporter la catastrophe de Trichinopoli et de se préparer à reprendre la campagne. Il commença par faire proclamer le fils de Tchanda, puis, ayant reconnu son incapacité, Mortiz-Ali, qui nous était dévoué. La désunion, qui se mit dans le camp des alliés, acheva de remettre nos affaires en meilleure voie; tandis que Dupleix maniait aisément les princes asiatiques, grâce surtout à la finesse de sa femme, les Anglais, dénués de souplesse,

Fig. 106. — Brahmane du Maïssour ou Mysore.

ne savaient s'en accommoder, laissant trop voir l'égoïsme de leurs intérêts.

Même parmi les amis de la cause anglaise, Mme Dupleix, avec d'adroites intrigues, avait gagné à notre cause la favorite du roi de Mysore (fig. 106), le rajah Naude et Haïder-Ali, un de ses officiers, qui devait arriver au trône et rester toujours l'implacable ennemi des Anglais. Naude, lui-même, séduit. par des flatteries, n'attendit que l'occasion pour prendre ouvertement notre parti.

Le roi des Mahrattes, Marari-Rao, un ami de Tchanda, n'aurait pas été fâché de venger sa mort; sa défection était probable. Enfin, le roi de Tanjore (fig. 107) se montrait fatigué d'une guerre qui ne lui rapportait aucun profit.

Quand Lawrence voulut aller assiéger la ville de Tiravadi, plusieurs princes mahrattes refusèrent de le suivre. Il prit néanmoins cette ville, peu défendue, mais il échoua devant Djingy, et, sa retraite ayant été coupée, perdit beaucoup de monde. Cette défaite de nos rivaux releva notre prestige et encouragea nos alliés secrets à avouer leurs véritables sentiments : Naude et Marari abandonnèrent résolument les Anglais et mirent le siège devant Trichinopoli, où un petit corps de Français les rejoignit, sous les ordres d'Astruc. En même temps, un autre détachement, commandé par Maissin, s'établissait solidement entre Tirivadi et Saint-David.

La lutte dura toute une année (1753) : enfin, les troupes françaises reçurent un autre chef dont l'énergie rappelait Bussy. L'assaut fut donné contre Trichinopoli (fig. 108), sans succès, il est vrai; mais, comme revanche, quelques semaines plus tard, Mainville coupait un convoi de vivres, écrasait l'armée de secours envoyée par Lawrence.

Cependant, le gouvernement anglais, appréciant le génie de Dupleix, que la France s'obstinait à méconnaître, déployait toutes les ressources de sa politique pour déterminer le cabinet de Versailles à rappeler un homme qu'il représentait comme un brouillon, un boute-feu, dont l'humeur inquiète ne pouvait s'accommoder de la paix, si nécessaire au commerce. La Compagnie française des Indes n'était pas moins mécontente, parce qu'elle se préoccupait seulement de jouir des avantages acquis. Tant que Dupleix avait été vainqueur, le roi n'avait pas consenti à le disgracier;

mais, après le désastre de Trichinopoli et la destruction de l'armée de Law, son rappel fut résolu. Au moment de cette fatale déci-

Fig. 109. — Tour d'une pagode, à Tanjore.

sion, ce désastre était réparé et au delà, mais on l'ignorait encore à Versailles.

En conséquence, on convint en principe d'un traité conditionnel, qui devait établir entre les deux Compagnies, anglaise et française, une égalité entière de territoire, de force et de commerce; clause dérisoire, car il fut aussi convenu que chacune des parties contractantes s'en tiendrait à ce qu'elle possédait avant la guerre, c'est-à-dire que la France, réduite à Pondichéry et à Karikal, abandonnerait tout ce qu'elle avait conquis et tout ce qu'elle avait droit de prétendre sur les conquêtes encore disputées. Les Anglais, de leur côté, n'en demeuraient que plus forts, n'ayant rien acquis ni rien obtenu du Grand Mogol.

Le commissaire français, Godeheu, un ami de Dupleix auquel il devait sa fortune, partit de Lorient, le 31 décembre 1753, et relâcha à l'île de France, d'où il envoyait à celui dont il venait prendre la place les plus ferventes protestations de dévouement. Dupleix croyait ne recevoir qu'un commissaire général du commerce; en effet, il avait demandé un agent pour remplir ces fonctions que d'incessantes guerres lui firent parfois négliger, et il se félicitait, comme d'une bonne fortune, du choix de Godeheu, sur lequel il comptait. Godeheu, d'ailleurs, assez embarrassé de son personnage, débarqua à Pondichéry avec 2,000 hommes, destinés, non pas à renfoncer la garnison, mais à tenir tête à Dupleix, s'il avait voulu se révolter.

En lisant la lettre de rappel que lui tendit son successeur, Dupleix, pour frappé qu'il fût, ne manifesta aucune émotion, convoqua le conseil, et, après que Godeheu eut donné lecture des papiers qui l'accréditaient en qualité de gouverneur général, il se retira, au milieu d'un silence attristé. Puis, avec toute la population pour cortège, il monta sur le vaisseau qui devait l'emporter loin de l'empire qu'il avait rêvé pour la France. Le 21 juin 1755, il arrivait à Lorient, où les marins avaient créé une légende autour de son nom, et on lui faisait une ovation enthousiaste. D'abord, à Paris, la curiosité qu'il inspirait masqua

la malveillance; bientôt, il fut contraint d'ouvrir les yeux et
de s'avouer qu'on ne lui rendrait jamais son gouvernement.

« Dans les 13 millions de subsides qu'il avait fournis à la
guerre, » dit M. de Jancigny, « il avait engagé non seulement
toute sa fortune, mais encore son crédit. Le recours qu'il exerça

Fig. 109. — Vue de la ville et de la forteresse de Tritchinopoli.

contre la Compagnie fut repoussé par une fin de non-recevoir,
tirée de ce que cette somme avait été affectée à des dépenses non
autorisées; le procès qu'il lui intenta fut arrêté par ordre du roi.
Réduit au désespoir, et voyant sa ruine irrévocablement consommée par la Compagnie, par le ministre et par la justice,
Dupleix allait, en outre, se voir traîner en prison pour dettes,
si un reste de pudeur n'eût fait intervenir des arrêts de sur-

séance, qui suspendaient l'effet des jugements obtenus contre lui. Après neuf ans passés dans ces angoisses et dans de vaines instances, il mourut à Paris, le 11 novembre 1763, de misère et de douleur. »

« Bien supérieur à nos agents en talents politiques, » dit un écrivain anglais, Campbell, « s'il avait trouvé les mêmes ressources qu'eux, le même appui dans la même patrie, il est plus que probable que l'empire des Indes appartiendrait aujourd'hui à ses compatriotes. » Macaulay, dans ses études sur Clive, s'exprime à peu près de la même manière. Mais le plus bel éloge que l'on ait jamais fait de Dupleix et de son génie d'administrateur réside tout entier dans le buste que les Anglais lui ont élevé au palais même du gouvernement, à Calcutta.

Envoyé pour traiter de la paix, Godeheu s'acquitta de cette tâche à la parfaite satisfaction des Anglais. Ils n'eussent pas osé demander les conditions que le nouveau gouverneur leur offrit spontanément. La situation était telle que nous pouvions tout au moins garder nos positions, mais Godeheu sacrifia tout, comme avec la rage de détruire en hâte tout ce que Dupleix avait fait. Notre autorité tomba à rien; les alliances avec les indigènes furent répudiées; nous nous engagions à ne plus nous immiscer dans les affaires intérieures de l'Inde, à rentrer dans nos comptoirs, à n'en plus sortir, sinon pour trafiquer d'inoffensive manière.

C'est encore à un Anglais qu'on doit emprunter le jugement vrai sur ce traité, en date du 2 octobre 1754 : « La paix signée par Godeheu, » dit Malleson, « fut une paix monstrueuse, et qui n'aurait pu être plus foncièrement désavantageuse, si elle avait été dictée par le gouverneur anglais Saunders; elle ruina la position des Français dans l'Inde. Ce traité était honteux au dernier degré. Godeheu sacrifia, avec connaissance de cause, le fondement d'un empire franco-indien à son craintif désir de la paix. » Cette conduite fut pourtant approuvée en France. Voltaire, écho de l'opinion publique, appelle ce traité, dans ses *Fragments sur l'Inde,* « une négociation sage et pacifique ». Son

Fig. 109. — Vue de Chandernagor.

œuvre de désorganisation terminée, Godeheu se rembarqua, remplacé par Duval de Leyrit, qui, du moins, ne fit rien et permit à Bussy de maintenir son autorité dans le Deccan.

Lorsque commença la guerre de Sept ans (1756), les Anglais, fortifiés par notre faiblesse même, s'emparèrent de Chandernagor (fig. 109) et nous chassèrent du Bengale. Alors seulement on ouvrit les yeux en France, et l'on se prépara à essayer de refaire ce que

Godeheu avait défait : une armée et une escadre furent envoyées, en même temps qu'un nouveau gouverneur était nommé, Lally-Tollendal.

Le comte de Lally, baron de Tollendal, était d'origine irlandaise, fils d'un des gentilshommes qui suivirent en France le roi détrôné, Jacques II. Né en 1702, il avait fait toutes les campagnes de son temps. On lui attribuait, pour une bonne part, le succès de la journée de Fontenoy (1745), où il avait été fait brigadier par Louis XV sur le champ de bataille, après une furieuse charge à la baïonnette, à la tête de ses Irlandais. On ne pouvait envoyer lutter contre nos ennemis un plus brave général; peut-être eût-on pu choisir un plus habile administrateur, un plus adroit diplomate. Lally était un homme violent; son caractère allait encore augmenter les difficultés au milieu desquelles il aurait à se mouvoir. De plus, tout à fait ignorant des mœurs de l'Inde, il devait choquer, dès le premier jour, des préjugés sociaux qui sont en ce pays des règles religieuses.

Débarqué, le 28 avril 1758, à Pondichéry, il partait en campagne le soir même, et comme on manquait de bœufs, il fit atteler aux chariots, pêle-mêle, tout ce qu'on put arrêter d'indigènes : il se trouva des brahmes attelés à côté de parias. Les membres du conseil, effrayés de cette profanation, essayèrent de lui faire comprendre la portée d'un pareil attentat; ils ne purent rien obtenir. La ville devint presque déserte, et Lally n'y trouva d'autre remède que de redoubler de rigueur dans l'emploi des moyens de contrainte.

Tant de précipitation eut, du moins, pour résultat, la prise de Gondelour, puis de Saint-David, après dix-sept jours de tranchée : 70 pièces de canon et d'immenses magasins de munitions tombaient en notre pouvoir. Ce résultat fut obtenu, en grande partie, grâce à notre flotte, qui, en tenant en échec l'escadre anglaise, l'avait empêchée de secourir Saint-David.

C'était bien débuter. Lally avait un plan qui tenait en peu de mots : « Plus d'Anglais dans la péninsule! » Comme il ne put jamais comprendre l'utilité du rôle que Bussy jouait à Aurengabad, il le rappela, disant que là où il n'y avait point d'Anglais, il n'y avait pas besoin de soldats français; de plus, jaloux de quiconque avait du prestige, il était bien aise de mettre un terme à cette sorte d'occulte souveraineté dont jouissait Bussy. Cette disgrâce atteignait un vétéran des guerres de l'Inde, un officier dont d'Estaing et Crillon, ses inférieurs en grade, disaient « qu'ils seraient heureux et fiers de se voir sous ses ordres ». Peu à peu, il se forma deux partis dans l'armée, et ces divisions s'accrurent encore après le retentissant échec de Lally devant Madras, où il perdit 1,100 hommes et une partie de son artillerie.

Ce fut le commencement des revers; aux coups de foudre du début allait succéder une série de défaites. Conflans, qui avait remplacé Bussy, fut battu, forcé de capituler (1759), et d'abandonner toute la côte d'Orissa; d'Apcher livra, quelques mois plus tard, un combat douteux, qui endommagea fort notre escadre. Les soldats, mal payés, se révoltèrent, et Lally, avec une armée en désordre, se faisait battre à Vandavachi (22 janvier 1760). Cette bataille fut décisive; le vaincu y perdit l'Inde : Arcot, Divicota, Karikal ouvrirent leurs portes. A la fin de la même année, Pondichéry était bloqué par terre et par mer; malgré les héroïques efforts de Lally, la place se rendait le 14 janvier 1761. Français et indigènes l'accusaient à l'envi d'être la cause du désastre qui nous accablait; on ne lui tenait compte ni de son courage ni de son énergie, on le haïssait pour sa brutalité, sa grossièreté, sa cruauté de fou furieux.

. Rentré en France, Lally fut accusé incontinent par l'opinion publique, qui le poursuivit non moins que dans l'Inde même. On lui reprochait d'avoir perdu la colonie qu'il était chargé de défendre. Tous ceux qu'il avait froissés, brutalisés, ruinés, se tournaient contre lui, et le nombre en était grand. M. de Choiseul finit par le faire arrêter. Bien qu'on ne pût relever à sa charge aucune trahison ni lâcheté, le parlement de Paris le condamna à mort, le 6 mai 1776. Ce fut, comme on l'a dit, un assassinat commis avec le glaive de la loi. La mémoire de Lally fut réhabilitée en 1778. L'histoire confirme volontiers ce second jugement, mais sans absoudre complètement celui qui en bénéficia.

La perte de Pondichéry aggrava encore la situation qui nous avait été faite par le traité de Godeheu : le bruyant passage de Lally nous fut aussi funeste qu'aurait pu l'être la plus complète inertie. Pondichéry, Chandernagor, Mahé furent démantelés, et quand la paix de 1763 nous rendit ces places, nous n'y trouvâmes que des ruines. De plus, il nous était interdit de fortifier Chandernagor, trop proche de Calcutta ; cette clause assurait la domination des Anglais dans le Bengale.

La période comprise entre 1765 et 1777 ne présente dans l'Inde aucun fait digne d'intérêt. En 1769, la Compagnie avait été dissoute, le commerce déclaré libre. Notre marine marchande profita de cette mesure : Pondichéry fut reconstruit et nos trafics reprirent quelque activité (fig. 110). M. de Bellecombe, brigadier des armées du roi, venait à peine d'être nommé gouverneur, que la guerre éclata de nouveau entre la France et l'Angleterre. Nos comptoirs retombèrent aux mains de l'ennemi ; Pondichéry, bien qu'attaqué par 24,000 hommes, résista plus d'un an, grâce à l'énergie de Bellecombe, mais le nombre triompha (1778). La garnison était réduite à 400 hommes, qui avaient soutenu quarante

jours de tranchée ; tant d'héroïsme surprit les Anglais, qui n'y voulaient pas croire. La prise de Mahé (1779) effaça de la carte de
l'Inde le dernier comptoir français. De l'empire rêvé et commencé
par Dupleix, il ne restait plus rien.

Fig. 110. — Vue de Pondichéry au dernier siècle.

Cependant nous laissions un ennemi aux Anglais, Haïder-Ali,
qui avait gardé une vive sympathie pour la France ; il continua
la guerre, recueillit ceux des soldats de Bussy qui n'avaient pas
voulu quitter l'Hindoustan, s'allia au soubab du Deccan, avec les
Mahrattes et détruisit en 1780 l'armée anglaise. Bientôt, il s'em-
parait d'Arcot et de presque tout le Carnatic. Les Anglais évacuè-

rent Pondichéry pour concentrer toutes leurs troupes à Gondelour et à Madras.

L'occasion était belle pour reprendre position dans les affaires de
l'Inde. Notre escadre arriva précisément en face de Madras pendant qu'Haïder-Ali tenait toujours les Anglais en échec; elle était
commandée par le bailli de Suffren (fig. 111). Le 17 février 1782,
une furieuse bataille navale s'engageait, d'où Suffren sortait vainqueur. Avant de débarquer ses troupes, il exigea la signature d'un
traité portant qu'Haïder-Ali lui adjoindrait 4,000 cavaliers et
6,000 fantassins, entretiendrait l'armée à ses frais et céderait un
vaste territoire à la France. La conclusion de cette alliance amena
l'occupation de Gondelour. Les deux escadres se rencontrèrent
de nouveau le 6 juillet suivant. Suffren attaquait avec une admirable furie et les Anglais se défendaient bravement, de sorte que
les pertes furent notables des deux côtés : enfin, les Anglais firent volte-face et gagnèrent le mouillage de Negopatam, poursuivis par nos derniers boulets.

Ces victoires, à vrai dire, n'eurent qu'un résultat moral : relever
notre prestige dans l'esprit des Hindous. Haïder-Ali, dérogeant
à l'étiquette, vint visiter Suffren. Il s'avança vers Gondelour avec
80,000 hommes, reçut magnifiquement l'amiral sous ses tentes,
le combla de prévenances, de respects, de présents. Le gouvernement, dans le même temps, se décida à envoyer des renforts, dont
une partie seulement, il est vrai, arriva sous les ordres de Bussy.
Suffren reprit la mer, et comme Trinquemale, excellent port de
Ceylan, venait d'être enlevé aux Hollandais par les Anglais, il le
bombarda, s'en empara et le rendit à ses premiers possesseurs,
s'assurant ainsi une précieuse relâche dans le sud de l'Inde.

Malheureusement, Haïder-Ali mourut (7 décembre 1782) et,
quelle que fût sa bonne volonté, Tippou-Sahib n'avait pas le génie

de son père. Le nouveau soubab eut bientôt à se défendre dans
le Mysore ; il s'éloigna, ne laissant pas plus de 10,000 hommes
à notre disposition. Avec ce contingent et 2,5oo soldats qu'il amenait, Bussy tenait la campagne, retrouvant sa furieuse énergie d'au-

Fig. 111. — Le bailli de Suffren (1726-1788) ; d'après un portrait du temps.

trefois. Le 13 juin 1783, il fit perdre un millier d'hommes aux
Anglais, sous Gondelour bloqué.

Suffren arriva, le 14, devant la ville. Il paraissait impossible
qu'il pût forcer les lignes anglaises ; il y réussit pourtant par d'habiles manœuvres ; à un certain moment de l'évolution où il forçait

les Anglais de le suivre, il se trouva dans le port à leur place. La bataille ne tarda pas à s'engager, et pour la cinquième fois, dans les mêmes parages, Suffren fit plier les Anglais, qui allèrent se réfugier à Madras. Gondelour, privé du secours de l'escadre anglaise, n'allait pas tarder à se rendre lorsque la nouvelle de la paix, conclue cinq mois auparavant, vint tout arrêter. Elle nous surprenait bien à contre-temps, au moment où nous reprenions pied, où nous pouvions espérer de relever prochainement notre puissance de ses ruines.

Ici finit l'histoire de l'Inde française, qui, à son déclin, jeta un si vif éclat, grâce à l'admirable marin que fut Suffren, celui qui ne fut jamais battu.

Nous devions garder quelques comptoirs, qui, pendant les guerres de la Révolution, nous furent successivement ravis et rendus : de tant de gloire il reste un rêve, un regret, quelques noms, entre lesquels sans nulle tache, ceux de Dupleix, de Bussy, de Suffren.

Fig. 112. — Bracelet d'argent (art hindou).

LE COMMERCE.

I.

U moyen âge, le commerce n'a point un caractère différent de celui qu'il avait dans l'antiquité. C'est un trafic essentiellement local et circonscrit, plutôt terrestre que maritime; les longs et périlleux voyages sur mer n'ayant, à proprement parler, pris naissance que vers la fin du quinzième siècle, à l'époque où Colomb découvrit l'Amérique.

Après les Phéniciens, qui avaient fondé en Gaule, sur les côtes de la Méditerranée, plusieurs comptoirs, tels que Castel-Roussillon, Port-Vendres et Saint-Gilles, étaient venus les Grecs, dont les établissements remontent au sixième siècle avant notre ère. Marseille, leur principale colonie, hérita de Carthage l'empire de la mer. Quant aux Gaulois de l'intérieur, ils faisaient des échanges variés et fréquents, soit par quelques ports (Vannes, Boulogne, Saint-Nazaire, Bordeaux), soit dans quelques grandes villes (Nîmes, Toulouse, Vienne, Châlon, Bourges, Orléans). Là se tenaient, ainsi que dans de nombreuses bourgades, à des époques déterminées probablement par des fêtes religieuses, de véritables marchés, où l'on troquait les denrées du pays contre les marchandises étrangères. Vannes, surtout, avait des flottes puissantes, qui tiraient de la Grande-Bretagne des esclaves, des chiens de chasse et de guerre, des cuirs, de l'étain, du cuivre.

La domination romaine fut, dans une certaine mesure, un bienfait pour la Gaule. En effet, elle y porta la civilisation du vieux monde et y donna une vigoureuse impulsion au commerce, qui, plus tard, aida singulièrement à la propagation du christianisme. Si plusieurs peuplades du Nord persévérèrent dans l'usage, adopté par leurs aïeux, de repousser les productions étrangères, celles du centre et du midi ne firent aucune difficulté de les accueillir et de s'associer, pour se les procurer, avec les publicains et les chevaliers qui venaient trafiquer à Narbonne, puis à Lyon, d'où rayonnaient les grandes voies militaires et commerciales.

« La Gaule, » dit M. Pigeonneau, dans son *Histoire du commerce*, « avec ses champs fertiles, ses belles prairies, ses magnifiques forêts, était un des pays les mieux cultivés du monde romain. Elle exportait en Italie les blés de l'Aquitaine, de la Celtique et du Dauphiné, le lin du Quercy et du Berry, le chanvre de l'Auvergne, les bois de chêne et de sapin qui couvraient encore ses montagnes, les chevaux de la Belgique, les laines de la Narbonnaise, les fromages des Alpes, les jambons et les salaisons de la Franche-Comté. » Quant aux vins, ils se consommaient à l'intérieur et en Germanie. Les tissus et les métaux donnaient aussi lieu à d'actives transactions. Sur les grandes routes, où l'État s'était réservé des relais de poste, « il devait exister de véritables services de roulage : on ne saurait expliquer autrement la rapidité relative des transports, qui permettait de franchir en trente jours les mille kilomètres qui séparent l'embouchure de la Seine de celle du Rhône. »

Dès le règne de Tibère, il y avait à Paris une compagnie de négociants par eau, appelés *nautes,* dont les bateaux sillonnaient la

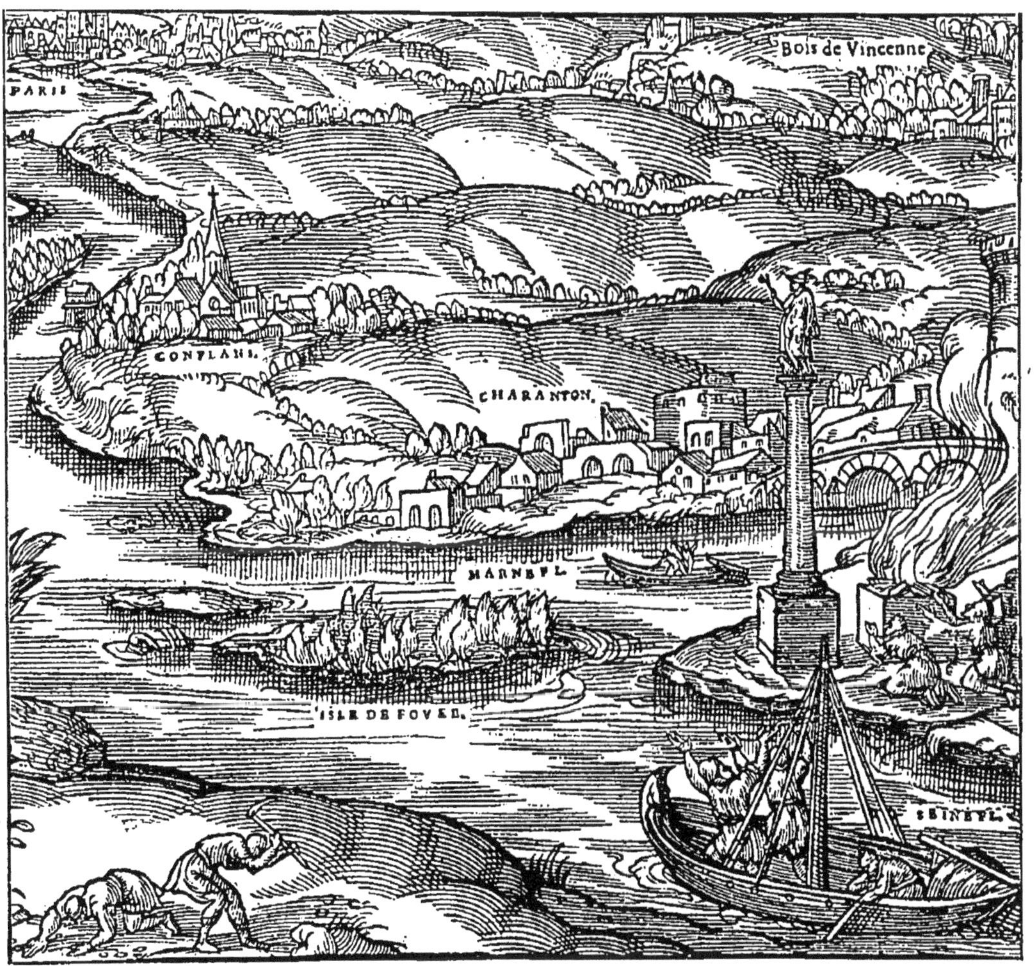

Fig. 113. — Monument élevé par les nautes parisiens, au confluent de la Seine et de la Marne; d'après une gravure de la *Cosmographie universelle* de Thevet; 1575.

Seine, tant en amont qu'en aval (fig. 113). Bientôt toutes les rivières navigables, telles que le Rhône, la Saône, la Garonne, la Loire, la Marne, eurent des associations semblables, qui furent soumises à une organisation particulière, à l'instar des *collèges* d'artisans, et investies de certains privilèges. Pour prix des avantages qui leur étaient accordés, ainsi que pour l'entretien des cours d'eau, ponts et chaussées qu'ils parcouraient, ces négociants payaient au fisc, sur les marchandises d'importation, un droit de douane à la frontière, et un droit d'octroi aux lieux où ils se proposaient de les vendre; droits variables en raison de la nature des objets; ainsi les riches productions de l'Inde et de l'Arabie étaient taxées à cent fois leur valeur intrinsèque. On laissait toute liberté d'exportation aux produits naturels et fabriqués, sauf les armes, monnaies, etc.

Il fallait qu'en ce temps les bénéfices fussent considérables, car les négociants ne tardèrent pas à payer cher la protection qu'ils recevaient de l'autorité. Aux droits de douane et d'octroi, la fiscalité romaine ajouta peu à peu une multitude d'impositions arbitraires. Pour nous borner aux marchandises de l'eau, un bateau qui mouillait dans un port devait acquitter un droit d'entrée, un droit de salut et de bienvenue, un droit de pont, s'il y en avait un, ce qui arrivait presque toujours, un droit d'ancrage s'il séjournait, un droit pour débarquer sa cargaison, enfin cinq ou six autres sous des noms divers.

A la chute de l'empire romain, le commerce se trouva presque anéanti par le fait des invasions de barbares, qui empêchaient toute sécurité, toute facilité de communication entre les divers peuples, et même entre les villes d'un même pays. Dans ces temps de bouleversement social, il y eut des périodes de désolation et de misère où, faute de numéraire, le commerce se réduisait au simple échange des objets de première nécessité. Lorsque le calme fut un peu revenu, dans la société politique comme dans les esprits, on vit aussitôt le commerce reprendre son essor, et la France fut, en Europe, la première contrée où s'opéra cette heureuse renaissance. On trouve, dans les lois des Visigoths, des Burgondes, des

Francs, plusieurs articles ayant pour objet de favoriser les entreprises commerciales et ceux qui s'y livraient.

Ces fameuses cités de la Gaule, que les anciens auteurs nous montrent si riches et si industrieuses, retrouvèrent assez promptement leur prospérité primitive. A leur tête brillait toujours Marseille. Puis venaient Arles, qui fournissait des constructeurs de vaisseaux et des navigateurs à la marine provençale, et Narbonne, qui reçut dans son port les navires de l'Espagne, de la Sicile et de l'Afrique, jusqu'à l'époque où, l'Aude ayant changé de cours, Montpellier hérita en partie du commerce maritime. Sur l'Océan, Bordeaux et Nantes, et sur la Manche, Rouen, Boulogne, et deux ports, ruinés depuis, Quantovic et Aleth, entretenaient des relations avec l'Espagne, l'Irlande, la Frise.

Le commerce avait aussi de fréquents rapports avec l'Orient; il allait chercher ses approvisionnements sur les côtes de la Syrie, et surtout à Alexandrie d'Égypte (fig. 114), qui était comme l'entrepôt des riches contrées situées au delà de la mer Rouge. Les navigateurs tiraient de ces contrées les épices, les soieries, les toiles de lin, le papyrus, les perles, les parfums et mille autres objets rares et recherchés. Comme échange, ils ne pouvaient guère fournir que des métaux précieux, en lingots plutôt que monnayés, des fers, des vins, des huiles, de la cire.

Les conquêtes des Francs avaient ouvert au commerce deux voies nouvelles, l'une par le Danube, l'autre par la Thuringe. « Dans ces contrées incultes, « dit M. Pigeonneau, » au milieu de populations belliqueuses, les marchands ne pouvaient se risquer qu'en nombreuses caravanes, l'épée au côté et la lance au poing. Ces expéditions lointaines et semées de périls séduisaient le génie aventureux de la race franque. On faisait de beaux bénéfices avec les barbares : on achetait, pour quelques outres de vin et quelques ballots d'étoffe, l'ambre et les fourrures, ou les riches dépouilles qu'ils avaient enlevées aux Grecs d'Orient. Souvent, des caravanes entières diparaissaient, massacrées par les hordes de pillards. » Un de ces trafiquants, nommé Samo, aida les Vendes de Bohême à repousser une invasion des Avares, devint leur chef et fit même la guerre à Dagobert, son ancien souverain.

A cette époque, l'industrie était, sinon purement domestique, au moins renfermée dans les monastères ou dans les manses seigneuriales, et les rois mêmes faisaient fabriquer chez eux, par des femmes ou des ouvriers serfs, les étoffes grossières destinées à leur propre vêtement et à celui des personnes de leur maison. Ajoutons que le mauvais état des routes, le peu de sûreté qu'elles offraient aux voyageurs, les extorsions de tous genres auxquelles étaient exposés les marchands forains, et principalement le système inique de redevances que chaque possesseur de territoire croyait pouvoir exiger pour laisser passer les marchandises sur son domaine, tout créait des obstacles presque insurmontables au développement du commerce.

Les rois francs témoignèrent à plusieurs reprises du désir de voir renaître dans leurs États ces utiles communications, favorables au mouvement commercial. Nous voyons, par exemple, Chilpéric conclure des traités avec les empereurs d'Orient en faveur des négociants d'Agde et de Marseille; la reine Brunehaut construire ces chaussées dignes des Romains, et qui portent encore son nom; Dagobert ouvrir, en 629, la première des foires *franches,* c'est-à-dire exempte ou presque exempte de droits et d'impôts. Cette foire, dite du *Landit,* une des plus célèbres, se tenait hors des murs de Paris, entre l'église de Saint-Martin et celle de Saint-Laurent; elle commençait le jour de la fête de saint Denis et durait quatre semaines, afin de permettre, dit la charte de fondation, aux marchands d'Espagne, de Provence et de Lombardie, et même à ceux d'outre-mer, d'y prendre part. Les droits de toutes sortes, perçus par le fisc sur les marchandises, étaient remplacés par un petit nombre de redevances, modérées et supportables, au profit de l'abbaye de Saint-Denis.

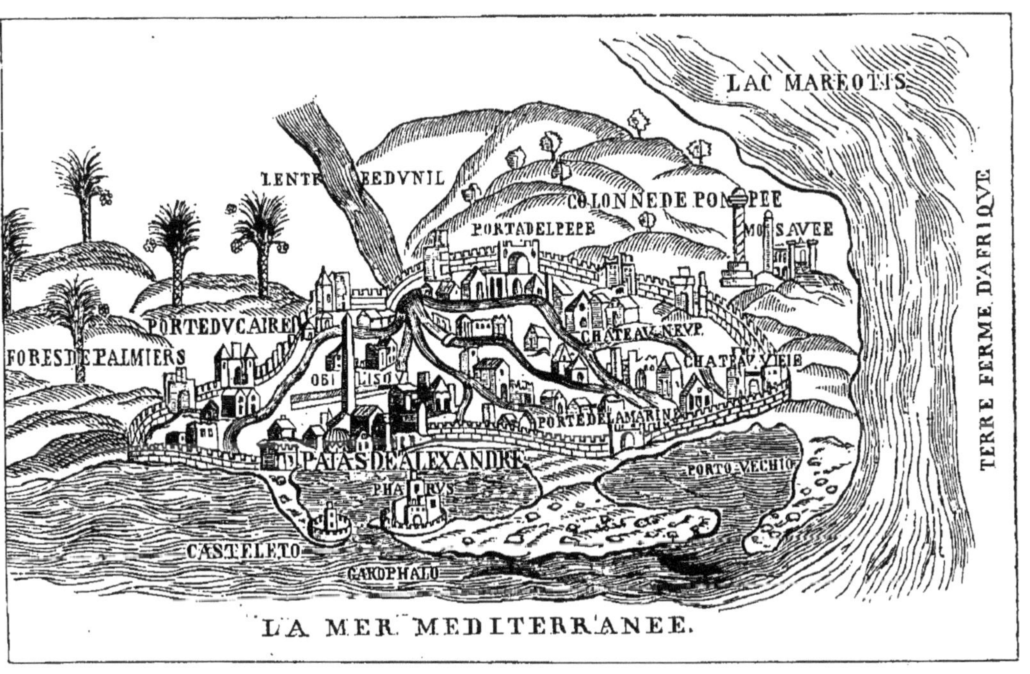

Fig. 114. — Vue d'Alexandrie d'Égypte, au XVIᵉ siècle ; d'après une gravure sur bois des *Observations de plusieurs singularite?*, etc., par Pierre Belon; Paris, 1588.

A ce rendez-vous des marchands de l'Europe se trouvaient en grand nombre les Juifs et les Syriens. Ces derniers, sans doute originaires du Levant, formaient des communautés puissantes à Marseille, à Narbonne et à Bordeaux; quant aux Juifs, qui partageaient avec eux le trafic des produits de l'Orient, ils préférèrent s'assurer le monopole du commerce de l'argent. Ils devinrent d'autant plus nécessaires que les musulmans fermèrent bientôt aux chrétiens tous les ports de l'Afrique du nord et de l'Asie Mineure.

Après le règne de Dagobert, le commerce diminue, sans cesser toutefois; car la révolution qui fit passer le pouvoir des rois aux maires du palais n'était pas proprement de celles qui épuisent les sources de la prospérité publique, et une charte de 710 nous apprend qu'alors les marchands saxons ou anglais, neustriens ou normands, et même hongrois, se rendaient encore en foule aux foires de Saint-Denis.

Sous la main puissante et régulatrice de Charlemagne, les routes, mieux entretenues, les rivières, plus navigables, devinrent plus sûres; les côtes furent protégées contre les incursions des pirates; des phares s'élevèrent aux points dangereux du littoral pour prévenir les naufrages, et des traités de commerce furent conclus avec les nations étrangères. Sur les routes ouvertes à travers la Germanie, l'empereur avait fait construire, de distance en distance, des stations, où le marchand trouvait un abri temporaire. Il publia des ordonnances sur la taille et le poids des monnaies, contre la vente des esclaves, sur le droit de circulation par terre et par eau; il défendit le commerce aux ecclésiastiques, et essaya vainement d'imposer à tout l'empire l'unité des poids et mesures.

Sous les faibles successeurs de ce grand prince, et en dépit même de leurs efforts, le commerce, livré de nouveau à tous les genres d'injustice et d'extorsion, perd à la fois toutes ses sauvegardes. Déjà, d'ailleurs, apparaissent les Maures au midi et les Normands au nord, qui vont tout détruire sur leur passage; déjà, en 838, Marseille a été prise et saccagée par les Grecs. Les luttes acharnées des fils de Louis le Débonnaire contre leur malheureux père, leurs rivalités entre eux, leurs guerres fratricides augmentent encore la somme des calamités publiques, et bientôt, pillée par les étrangers, dévastée par ses propres enfants, la France n'est plus qu'un vaste champ de désordre et de ruine.

On trouve dans les chroniqueurs du temps la preuve de cet effroyable état de choses. « On n'entendait parler, » dit Guibert de Nogent, « que de brigandages commis sur les voies publiques. Les incendies étaient innombrables, et la guerre sévissait de toutes parts sans autre cause qu'une insatiable cupidité. » La société féodale s'était organisée non par calcul, mais par instinct et par nécessité ; en présence de l'impuissance du pouvoir royal, elle se morcela à l'infini, et ducs, comtes et barons ne songèrent plus qu'à se défendre chez eux.

Ils hérissaient les limites de leurs domaines de barrières et d'obstacles, qui en fermaient au marchand l'entrée et la sortie. Ils l'écrasaient d'impôts vexatoires, sous le nom de *péages ;* ils s'arrogeaient sur lui le droit de prise, s'embusquaient sur les chemins pour le dévaliser, et laissaient dans un état complet de dégradation les routes et canaux, bien que les droits exigés eussent pour prétexte l'entretien des voies de communication. A ces charges venaient se joindre d'anciens droits barbares, tels que le droit de représailles, exercé contre tous les compatriotes d'un marchand étranger qui avait fait tort aux indigènes, et le droit de bris ou d'épave, en vertu duquel tout ce que la mer apportait sur les côtes devait appartenir au seigneur du lieu ou à ses tenanciers. On ne voyageait par mer et par terre que par convois de navires ou par grosses troupes, afin de mieux résister aux pirates et aux brigands.

La *paix* ou *trêve de Dieu,* établie en 1041 et renouvelée à différentes reprises, pour suspendre au moins les guerres intestines de la féodalité, ne réussit qu'à imposer au désordre un caractère d'intermittence.

Quoi qu'il en fût, grâce à la prévoyance ecclésiastique, qui multipliait les foires et les marchés aux portes des abbayes et des couvents, le premier pas était fait vers la reprise générale du commerce, et cette heureuse rénovation allait peu à peu s'effectuer; d'ailleurs, elle peut être considérée, grâce à la renaissance des villes et aux progrès de l'autorité royale, comme ayant puissamment contribué au grand mouvement de l'esprit de liberté et de progrès, d'où devaient sortir les sociétés, les nationalités, en un mot, l'ordre moderne. Les pèlerinages d'outre-mer, de plus en plus fréquents, signalèrent le réveil du commerce de l'Occident, auquel les croisades imprimèrent bientôt la plus vive impulsion.

Le commerce de l'Orient fournit les premiers éléments de cette activité marchande, qui se manifesta d'abord sur les rives de la Méditerranée, et à côté des républiques d'Amalfi, de Venise, de Gênes et de Pise, qui étaient devenues les riches entrepôts de tout le négoce d'outre-mer, on vit refleurir les anciennes villes de la Provence et du Languedoc.

En principe, comme nous l'avons déjà dit, les denrées de l'Inde venaient en Europe par les comptoirs grecs d'Alexandrie (fig. 115) et par Constantinople. Les croisades, qui avaient facilité les relations avec les contrées orientales, développèrent en Occident le besoin et le goût de leurs productions indigènes, imprimèrent à ce commerce extérieur une activité nouvelle, et le rendirent plus directement productif en faisant disparaître les intermédiaires qui l'avaient entravé. Toutefois, si les grands déplacements d'hommes, auxquels donnèrent lieu ces guerres lointaines, pendant deux siècles, enrichirent les localités qu'ils traversèrent, ils en ruinèrent beaucoup d'autres, par l'immense exportation de numéraire qui en fut la conséquence. L'intérêt du peu d'espèces monnayées qui resta en France monta à un taux exorbitant, et le

commerce de consommation journalière se faisait par voie d'é-
change : deux poules pour une oie, deux oies pour un porc, trois
veaux pour une vache, tant de boisseaux d'orge ou de seigle pour
un boisseau de blé, etc.

Fig. 115. — Transport de marchandises à dos de chameau pour le chargement des navires ;
d'après une gravure sur bois de la *Cosmographie universelle* de Thevet; Paris, 1575.

La conquête de la Palestine ouvrit aux marchands occidentaux
toutes les villes, tous les ports de cette région ; beaucoup d'entre
eux purent s'y établir à demeure avec toutes sortes de privilèges
et d'exemptions de droit, que leur offraient à l'envi les seigneurs

qui avaient transporté la domination féodale sur les terres musulmanes.

Le commerce d'outre-mer acquit dès ce moment des proportions auparavant inconnues. A la vérité, les bulles et les décrets des papes défendaient aux chrétiens des relations avec les infidèles, qui eussent mis en péril la foi ou les mœurs; jamais ces défenses n'arrêtèrent le commerce, et la voix de l'intérêt était trop puissante pour ne point être écoutée. Les marchands ne craignaient même pas d'enfreindre les prescriptions politiques et religieuses qui leur interdisaient de porter aux ennemis de la foi des armes et des esclaves.

Il était facile de pressentir dès le début que l'occupation militaire de la Terre sainte ne se convertirait point en une possession stable; aussi, à mesure que la perte de cette belle conquête paraissait plus imminente, les villes maritimes de l'Occident s'efforçaient de renouer d'une façon plus solide et plus durable leurs intelligences et leurs anciens rapports avec l'Égypte, destinée à remplacer bientôt la Palestine, au point de vue du commerce. La république de Marseille prit la plus large part à cette entente commerciale; aussi, dans les douzième et treizième siècles, atteignit-elle un haut degré de splendeur, qu'elle devait exclusivement à ses armateurs et négociants. Au quatorzième siècle, les princes de la maison d'Anjou l'épuisèrent, comme toute la Provence, par les efforts démesurés qu'ils avaient faits en pure perte pour reconquérir le royaume de Naples, et ce fut seulement sous le règne de Louis XI que la cité phocéenne retrouva la prospérité de sa marine et de son commerce (fig. 116).

Le Languedoc, bouleversé et ruiné au treizième siècle par suite de la terrible guerre des albigeois, avait enrichi de ses dépouilles la Provence, dont l'abaissement momentané lui permit

ensuite de se relever promptement de sa chute. Les cités langue-
dociennes, à la fois industrieuses et commerçantes, Béziers, Agde,

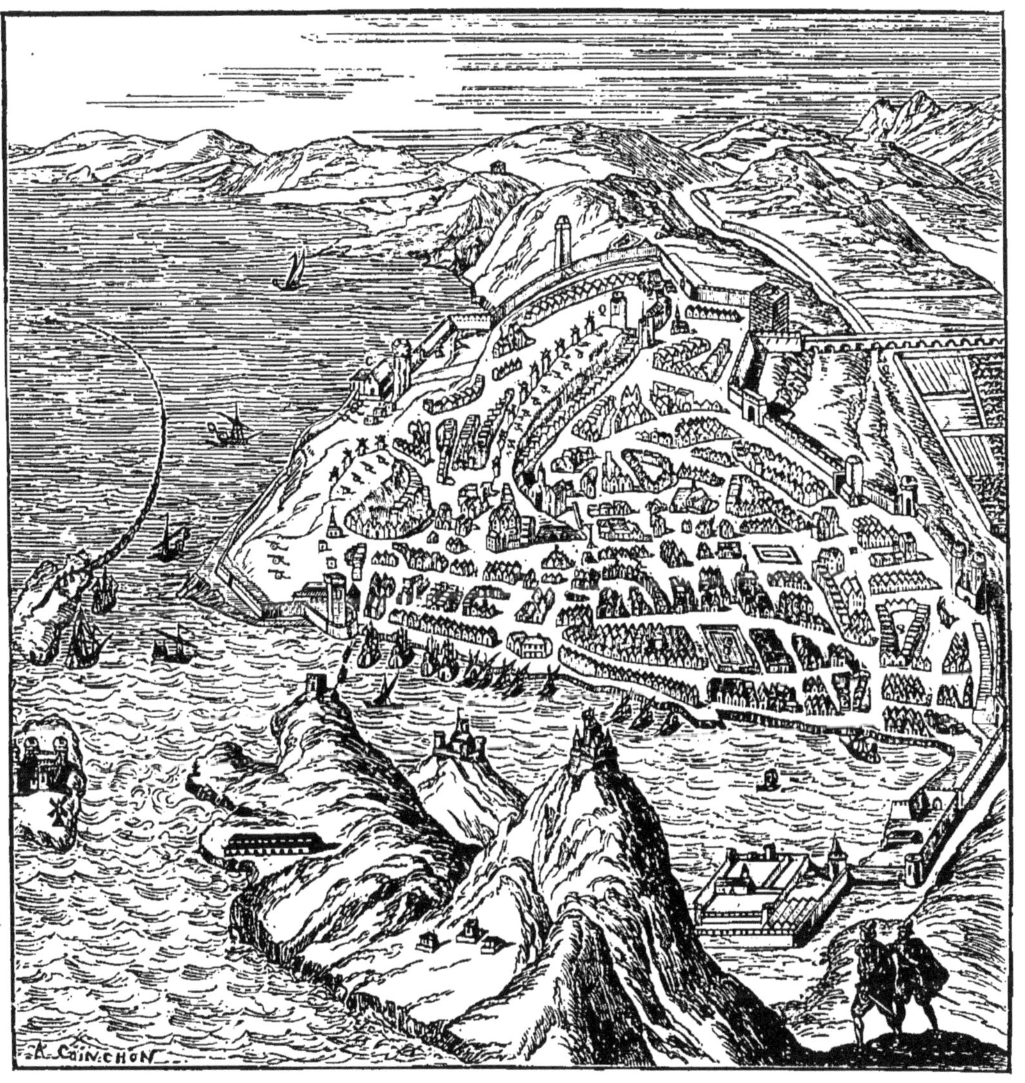

Fig. 116. — Vue et plan de Marseille et de son port au xvie siècle ; d'après une gravure
sur cuivre du *Théâtre des Citez du monde*, par G. Bruin ; Bruxelles, 157?.

Narbonne, et surtout Montpellier, eurent bientôt créé dans tous
les ports de la Méditerranée des relations de négoce si considéra-

bles et si fréquentes, que sur la fin du quatorzième siècle chacune de ces villes nommait alternativement, pour régir et protéger son commerce d'outre-mer, des « consuls ès parties de Chypre et ès parties cis-marine et trans-marine de Rhodes, Damas, etc. » Un voyageur du douzième siècle, Benjamin de Tudèle, rapporte que dans ces ports, qui furent désignés plus tard sous le nom d'*échelles du Levant* (fig. 117), on entendait parler le langage de toutes les nations du monde, qui y abordaient avec les Génois et les Pisans.

Toulouse ne resta pas en arrière du mouvement commercial des villes du bas Languedoc, et la Garonne amenait sans cesse sur ses marchés, non seulement les productions naturelles et artificielles de la Guienne et des côtes occidentales de la France, mais encore celles de la Flandre, de la Normandie et de l'Angleterre. Notons, toutefois, que la ville de Bordeaux, bien que placée dans la plus heureuse position non loin de l'embouchure du fleuve, n'eut sous la domination anglaise qu'un assez mince commerce, qui ne consistait guère que dans la vente de ses vins à la Grande-Bretagne, et dans l'échange de ses blés, huiles, pastels et lièges avec Toulouse.

Sur le même littoral, nous voyons à cette époque la Rochelle beaucoup plus florissante par le cabotage de nombreux navires, qui allaient porter en Flandre, dans les Pays-Bas, au nord de l'Allemagne, les vins de l'Aunis et de la Saintonge, les sels du Brouage. La Bretagne trafique aussi avec la Hollande, la Zélande et la Frise. Vitré a, dès le quatorzième siècle, des fabriques de soie, et Nantes annonce déjà ce qu'elle sera un jour comme entrepôt du commerce maritime. C'est vers le même temps que l'art des pêcheries se perfectionne et forme bientôt une nouvelle industrie, dans laquelle Bayonne et quelques autres villes du rivage océanique prennent bientôt le premier rang, les unes adonnées plus spécialement à la pêche de la baleine (fig. 118), les autres à celle de la morue et du hareng.

Fig. 117. — Le commerce dans les échelles du Levant; d'après une miniature d'un ms. des *Voyages de Marc Pol*, xvᵉ s. Bibl. de l'Arsenal, à Paris.

Depuis longtemps, la Normandie comptait d'autres éléments de prospérité commerciale : ses fabriques d'étoffe de laine, ses manufactures d'armes et de coutellerie, ainsi que les productions agricoles de son territoire fertile et bien cultivé, fournissaient matière à un important trafic d'exportation. Les villes de Rouen et de Caen sont particulièrement manufacturières et très riches; Rouen surtout, situé sur la Seine, est dès lors l'entrepôt de toutes les marchandises qui descendent ou remontent le fleuve. Déjà, Paris, séjour des rois, fait pressentir l'immense développement que la capitale doit atteindre, en devenant le centre des affaires commerciales et en augmentant tous les jours sa population ouvrière et marchande (fig. 119).

Ce fut hors de Paris pourtant que le commerce, qui a besoin de liberté autant que de protection, réalisa d'abord de plus grands progrès. De bonne heure, les provinces du nord avaient uni l'industrie au trafic, et cette double source de prospérité locale fit chez elles d'inépuisables richesses. Gand et Bruges dans les Pays-Bas, Beauvais, Arras, sont renommés par leurs manufactures de drap, de tapis, de *sayetterie* (serges et autres étoffes légères en laine); Cambrai, par ses belles toiles. Les artisans, les marchands de ces industrieuses cités établissent alors leurs puissantes corporations, dont les efforts incessants doivent enfanter l'affranchissement communal, si favorable au commerce.

Plus avantageuse que l'industrie lainière (car on tirait alors des provinces orientales de l'Angleterre la plus grande partie des laines employées dans les fabriques), l'industrie du lin, qui favorisait l'agriculture, fut d'abord florissante dans le nord-est de la France et s'étendit ensuite, mais lentement, en Picardie, en Beauvaisis, en Bretagne, tandis que les contrées du centre, à l'exception de Bourges, qui avait des fabriques de draps célèbres au quinzième siècle, restaient essentiellement agricoles, et que leurs principales villes ne faisaient qu'un commerce d'entrepôt.

A mesure qu'ils se sentirent plus forts, les marchands créèrent
entre eux des associations qui, sous le nom de *hanses*, devaient
jouer un rôle brillant au moyen âge. « C'est à peu près à la même

Fig. 118. — Pêche de la baleine; d'après une gravure sur bois de la *Cosmographie
universelle* de Thevet; Paris, 1575.

époque, » suivant M. Pigeonneau, « pendant la première moitié
du onzième siècle, que durent apparaître la guilde ou *hanse de
Rouen*, la *marchandise de l'eau* ou hanse parisienne, les compagnies de marchands fréquentant la Loire, l'association des négo-

ciants en vins de Bordeaux. Un siècle plus tard, se forme la *hanse de Londres,* créée pour le commerce des laines d'Angleterre par les villes de Flandre, auxquelles s'adjoignirent, au treizième siècle, celles de Champagne, de Normandie et de France. Toutes ces corporations ont le même caractère et le même but ; elles se composent de négociants en gros et d'armateurs, propriétaires de bateaux ou de navires, qui forment la haute bourgeoisie des principales cités commerçantes. A Paris, le prévôt des marchands de l'eau deviendra le chef de la municipalité; le *parloir aux bourgeois,* c'est-à-dire le siège de l'association sera le premier hôtel de ville, et les armes de Paris ne seront autre chose que le sceau de la marchandise de l'eau, le navire adopté comme l'emblème de la hanse parisienne. »

Les cours d'eau étaient donc redevenus les grandes voies commerciales : il y avait à la fois économie et sécurité. « Les marchands traitèrent d'abord du rachat des péages ou en devinrent les fermiers, et se chargèrent d'entretenir à leurs frais les chemins de halage, de draguer le lit des rivières, de construire des magasins et des quais de débarquement. En se substituant aux devoirs des seigneurs, ils se substituèrent naturellement à leurs droits; ils prétendirent exercer une sorte de monopole, » et cette prétention fut même consacrée par les rois.

Le commerce intérieur était encore favorisé par les marchés et les halles, établis jusque dans les petites villes, et principalement par les foires, dont l'importance s'était accrue avec la prospérité générale.

Au moyen âge, c'était presque toujours les fêtes et les cérémonies religieuses qui donnaient naissance aux foires, que le commerce s'empressait de multiplier. Les marchands venaient étaler et offrir leurs marchandises là où une plus grande réunion de gens leur promettait un débit plus prompt, plus assuré. Sous les rois mérovingiens, il y avait eu en Gaule un certain nombre de ces marchés temporaires et périodiques; mais, celui de Saint-Denis excepté, on n'y porta guère dans la suite que des objets de consommation locale, car les droits onéreux que le seigneur féodal

Fig. 119. — Les porteurs de foin; d'après une gravure sur bois des *Ordonnances royaux de la juridiction de Prevosté des marchands et eschevinage de Paris*; Paris, 1528.

prélevait sur les marchandises exposées en vente, le danger que couraient les étrangers d'être pillés en route, ou même sur le champ de foire, arrêtèrent longtemps les progrès de cette institution, destinée à devenir si utile et si féconde.

Nous avons déjà mentionné plus haut la fameuse foire du Landit, dont l'établissement est attribué à Louis le Gros, mais qui ne fut sans doute qu'une sorte de résurrection des anciennes foires de Saint-Denis, fondées par Dagobert et pendant un temps tombées en décadence ou même disparues au milieu de la ruine générale.

Connue dans l'Europe entière, la foire du Landit, qui attirait les marchands de tous pays, ne durait que quinze jours (du 11 au 24 juin). On y vendait de tout, depuis des chevaux jusqu'à des tapisseries, de la vaisselle d'argent et du parchemin. Cette dernière marchandise ne pouvait être mise en vente qu'après le prélèvement fait pour ses collèges par l'université de Paris, qui s'y rendait en procession. Aussi cette foire le cédait-elle en importance aux six foires de Champagne, dont l'origine remontait probablement à l'époque romaine : elles se tenaient à Troyes, Provins, Lagny, Reims et Bar-sur-Aube. Les comtes de cette province savaient « attirer les marchands non seulement par la modération des taxes, mais par les garanties de toute espèce dont ils cherchèrent à entourer la sécurité des personnes et la loyauté des transactions ». Un marchand avait-il été, chemin faisant, maltraité ou rançonné par un des seigneurs voisins, le comte demandait justice de l'offense, et, s'il ne l'obtenait point, il interdisait les foires du comté à tous les sujets du coupable.

Les foires s'étaient multipliées au douzième siècle. On accourait à celles de Rouen, de Caen, de Guibray, en Normandie; à celle de Guingamp, en Bretagne; à celles de Châlon et de Dijon, en Bourgogne. Dans le midi, aucune n'était plus célèbre que celle de Beaucaire, rendez-vous des négociants d'Espagne, d'Italie, du Levant, de Tunis et du Maroc. Elle se maintint avec éclat jusqu'à nos jours, et il n'était pas rare d'y voir réunis plus de 30,000 étrangers.

Placé au confluent de la Saône et du Rhône, Lyon dut son développement commercial au voisinage de Marseille et des villes d'Italie. Ses quatre foires annuelles étaient toujours très fréquentées, et lorsque les rois de France lui eurent transmis les privilèges des foires de Champagne, lorsqu'ils eurent transféré dans ses murs les manufactures de soieries précédemment établies à Tours, Lyon devint véritablement la seconde ville de France (fig. 120).

De nos jours, on se figure difficilement ce qu'étaient les grandes foires du moyen âge; leur aspect rappelait celui des bazars de l'Orient, en même temps qu'elles ouvraient un champ des plus variés aux jeux et amusements de toutes sortes. La police y était faite avec une certaine sévérité. En Champagne, elle appartenait à deux gardiens et à un chancelier, assistés de sergents, de lieutenants et de notaires qui rédigeaient les contrats. Outre des maîtres et des prud'hommes élus par chaque nation, des magistrats particuliers, appelés *capitaines des foires,* étaient chargés de protéger les intérêts communs. Pendant les derniers jours, on réglait les transactions dans les boutiques des changeurs, juifs et lombards d'habitude, dont l'étalage consistait en une table couverte d'un tapis, en une paire de balances, et en sacs remplis de lingots ou de monnaies d'or et d'argent.

On peut affirmer, en thèse générale, que l'élévation progressive de la royauté sur les ruines de la féodalité fut de plus en plus favorable au commerce. Dès le règne de Louis IX, la fondation du port d'Aigues-Mortes sur la Méditerranée, la rédaction du *Livre des métiers* par Étienne Boileau, qui ne fit que codifier leurs anciens statuts, et la grande ordonnance que le roi rendit, l'année même de sa mort, pour garantir la sécurité des marchands et défendre contre leurs fraudes le consommateur, témoignent de sa sollicitude en faveur du commerce. Philippe III, son fils, à peine en possession du comté de Toulouse, y attira, et particuliè-

rement à Nîmes, les marchands d'Italie, qui fréquentaient seulement Montpellier.

Avec le quatorzième siècle commence l'ère véritablement monarchique. L'accroissement du pouvoir royal et la disparition de
la moitié des grands fiefs favorisent une politique d'État, plus con-
forme, en général, aux besoins du pays. Le roi, dont le domaine
s'étend de la Manche à la Méditerranée, prend le commerce sous
sa sauvegarde : il réclame le droit exclusif d'établir ou d'auto-
riser les foires et marchés, ainsi que les péages; il multiplie les
règlements de grande voirie; il supprime les droits de bris et
punit de la confiscation le pillage des navires naufragés; il pour-
suit à Gênes, à Venise, en Aragon, la réparation des dommages
causés à ses sujets commerçants. « En 1327, » dit M. Pigeonneau,
« Charles IV prit l'initiative d'un traité de commerce entre la
France, l'Angleterre, les royaumes de Castille et de Léon, d'Aragon, de Sicile et de Majorque; en vertu de cet accord, les marchands pouvaient circuler librement par terre et par mer, avec
leurs marchandises, entre ces différents États, sous la sauvegarde
générale d'un conduit, garanti par les puissances contractantes. »
Le même souverain conclut un traité semblable avec les soudans
d'Égypte.

Sous Philippe le Bel et ses successeurs, qui furent les protecteurs des légistes et des financiers lombards, on mit en avant
beaucoup de réformes qui, comme les traités dont nous venons de
parler, restèrent à l'état d'ébauches, faute d'argent. On essaya de
tarifer les denrées nécessaires à la vie, de fixer le taux des salaires
et le bénéfice du marchand, d'empêcher la sortie des matières
premières et des objets de consommation, surtout du numéraire ;
mesures passagères et vexatoires, où l'on ne cherchait qu'une
source de revenus pour le Trésor. Le système de la prohibition

Fig. 120. — Vue de Lyon au début du XVIᵉ siècle; d'après une tapisserie de Beauvais.

tendit à se généraliser, et à ce point de vue l'ordonnance de 1305 contient un préambule significatif : « Charité bien ordonnée », y est-il dit en latin, « commence par soi-même. Ce serait cruauté, quand le champ où naît la source a soif, de la laisser se répandre aux terres étrangères. » Mais on fit de larges concessions, et l'interdiction générale aboutit à l'établissement d'une taxe d'exportation, qui prit les noms de *rêve* et de *haut passage*. Dès lors, la France fut enveloppée d'une ligne de douanes, surveillées par des fonctionnaires spéciaux, et distinctes des anciens péages, qui continuèrent de subsister (fig. 121).

Cependant, les lombards s'étaient promptement répandus dans toutes les grandes villes du royaume. Instruits dans la pratique des finances et de l'usure par les juifs, qui avaient coutume de se retirer au delà des Alpes quand on les expulsait de France, ils ne tardèrent pas à égaler leurs maîtres et à être confondus avec eux dans une haine commune. Dans la seconde moitié du treizième siècle, ils couvraient déjà la France de leurs comptoirs, qui n'étaient que des succursales des grandes compagnies de Florence, de Milan, de Rome et de Venise. A Paris, ils furent bientôt les maîtres de presque tout le haut commerce, en attendant qu'ils devinssent les administrateurs des finances royales, les fermiers de l'impôt et les banquiers du Trésor. Ils y formaient, ainsi qu'à Londres, la grande corporation des changeurs, entassaient dans leurs coffres tout le numéraire du royaume, et faisaient varier sans cesse le cours de l'argent.

Philippe VI, pour soulager le commerce dont ils étaient le fléau, affranchit, en 1330, leurs débiteurs du quart de ce qu'ils leur avaient emprunté. Déjà Philippe le Bel avait cru beaucoup faire pour les commerçants, en déclarant qu'on ne pourrait pas exiger d'eux plus de 20 pour 100 d'intérêt sur l'argent prêté en temps ordinaire, et il pensa favoriser singulièrement les foires, en réduisant à 15 pour 100 le loyer des capitaux empruntés. Ce même prince rendit aussi, dans l'intérêt du commerce indigène, plusieurs ordonnances prohibitives, que Louis X renouvela, et Philippe V, devançant les tentatives économiques de Louis XI,

Fig. 121. — Péage sous les ponts de Paris; d'après une gravure sur bois des *Ordonnances de la Prevosté des marchands de Paris*. Paris, 1528.

essaya, mais sans succès, d'établir dans tout le royaume l'unité des poids et mesures, grande réforme qui ne s'est accomplie que par le fait de la Révolution de 1789.

On ne saurait croire queiles étaient alors les variations des poids et mesures, variations qui se prêtaient aux fraudes et aux erreurs de toutes sortes, et qui ne dépendaient ordinairement que de la coutume locale, sinon du caprice du seigneur, à qui elles profitaient. Le morcellement du territoire en une multitude de fiefs avait dû amener cette situation, dans laquelle le seigneur s'attribuait la garde et la surveillance des poids et mesures en usage dans sa seigneurie.

Les mesures d'étendue et de contenance diffèrent tellement les unes des autres, quoique souvent spécifiées de la même manière, qu'il faudrait des tables comparatives très compliquées pour fixer approximativement leurs valeurs. Le *pied de roi,* qui était encore la mesure la moins variable, flottait cependant de 10 à 12 pouces; la toise présentait des dimensions non moins mobiles, et si l'on veut poser des règles de proportion entre les innombrables mesures de capacité (fig. 122), que le commerce avait besoin de connaître autrefois, on s'arrête, effrayé, devant un dédale de calculs, qui laisseraient, en définitive, la question à demi plongée dans les ténèbres.

Quant aux poids, qui avaient plus d'uniformité et moins d'incertitude, la livre était usitée partout, mais elle n'avait pas partout la même valeur pondérale (fig. 123). Par exemple, à Paris, elle était de 16 onces, tandis qu'à Lyon elle ne comportait que 14 onces, excepté pour le pesage de la soie, lequel exigeait 15 onces par livre; à Toulouse et dans le haut Languedoc, elle n'était que de 13 onces et demie; à Marseille, de 13 onces; ailleurs, elle descendait même à 12 onces. Il y avait bien, à Paris, une balance publique, qu'on appelait le *poids du roi,* mais cette balance n'était qu'un moyen fiscal, qui gênait le petit commerce et ne servait qu'à l'impôt.

Ces entraves mesquines et irritantes n'empêchèrent pas le grand commerce de s'étendre et d'embrasser le monde.

La boussole, connue en Italie dès le douzième siècle, mais peu employée jusqu'au quatorzième, permit alors d'ouvrir des routes nouvelles à la marine marchande, et bientôt naquit le commerce maritime proprement dit. Grâce à la boussole, les navigateurs de la Méditerranée osent franchir le détroit de Gibraltar et s'aventurer dans l'Océan; de ce moment, les rapports commerciaux, qui jusque-là n'avaient eu lieu que par terre et avec d'incroyables

Fig. 122. — Mesureurs de grains de Paris; d'après une gravure sur bois des *Ordonnances de la juridiction de la Prevosté des marchands de Paris*. Paris, 1528.

difficultés, s'établissent d'une manière permanente entre les ports du nord et du midi de l'Europe.

La Flandre fut le point central de débarquement des navires marchands, qui arrivaient en foule de la Méditerranée, et Bruges devint leur principal entrepôt. La ligue hanséatique, dont l'origine remonte au commencement du treizième siècle, et qui forma la plus puissante confédération commerciale dont il soit parlé dans l'histoire, envoyait aussi, de ses ports de Lubeck et de Hambourg, ses vaisseaux innombrables porter en Flandre les denrées des pays septentrionaux; et cette riche province, qui se distinguait dans tous les genres d'industrie, notamment par le travail des métaux et l'industrie textile, était devenue, pour ainsi dire, le grand marché de l'Europe

Le mouvement commercial, autrefois borné aux rivages de la Méditerranée, se propage de tous côtés. Les États du Nord y prennent part, et l'Angleterre, longtemps tenue éloignée de cette scène, commence à s'y montrer avec éclat. Le nombre et la facilité des transactions augmentent à mesure que s'agrandit le cercle qui les renferme; la consommation est plus abondante, la production suit le progrès de la consommation, et le commerce va toujours gagnant en activité comme en étendue.

Tout, d'abord, semble contribuer à son expansion : la décadence du système féodal, et l'établissement, dans chaque pays, d'un pouvoir central, plus ou moins fort et respecté, lui permettent de multiplier ses opérations, par voie de terre, avec une sécurité naguère inconnue ; et en même temps une législation internationale vient réglementer et protéger le commerce maritime, qui se trouvait exposé à plus de périls encore. La mer, ce vaste domaine commun du genre humain, offrant au brigandage le moyen de s'exercer plus facilement que sur le sol des pays civilisés, la piraterie y promènera ses violences et ses désordres, longtemps après que la société en aura été sauvegardée par la force des lois et l'autorité des gouvernements (fig. 124).

Cette législation maritime n'avait pas attendu le quatorzième siècle pour voir le jour; elle avait été promulguée en partie dès le douzième siècle; mais les troubles et les agitations qui affaiblissaient et désorganisaient les empires, pendant cette période du moyen âge, l'avaient privée d'une sanction puissante et efficace. Le code des Rhodiens remonte au delà de l'année 1167; le *Consulat de la mer*, qui devint une sorte de texte de droit commun, est de la même époque; les *Lois d'Oléron*, antérieures

Fig. 123. — Poids étalon, en cuivre jaune, de la poissonnerie du Mans, au type de *la Sirène*. Fin du XVIᵉ s.

au douzième siècle, régissaient alors les côtes occidentales de la France, et ne tardèrent pas à être adoptées en Flandre et en Angleterre. Venise date de l'an 1255 son plus ancien manuscrit de droit maritime, et le statut de Marseille est de 1254.

A ces divers codes nationaux ou régionaux correspond l'établissement d'une magistrature commerciale, la juridiction consulaire, dont on trouve les premières bases, dès le sixième siècle, dans la loi des Visigoths, loi qui assurait aux marchands étrangers la faculté d'être jugés par des délégués de leur nation. Les Vénitiens eurent, dès le dixième siècle, des consuls dans l'empire grec, et on peut croire que les Francs en avaient dans la Palestine dès le temps de Charlemagne. Au treizième siècle, les villes d'Italie en eurent en France, comme Marseille en avait dans la Savoie et Arles à Gênes. Les commerçants de chaque pays pouvaient donc être à peu près certains de trouver justice, aide et protection dans tous les centres de commerce européen.

A cette sécurité des personnes, à cette garantie des transactions, à ces voies nouvelles ouvertes au commerce, étaient venues se joindre, comme pour les rendre plus utiles et plus profitables, de nombreuses facilités de vente et d'achat : les marchands, qui d'abord accompagnaient leurs marchandises, et qui plus tard se contentèrent de les faire accompagner par quelque facteur ou fondé de pouvoirs, en étaient arrivés à les expédier par correspondance et à les confier en délégation à des représentants étrangers. L'usage de l'écriture devenu plus général; le papier substitué au parchemin comme moins rare et moins coûteux; l'adoption des chiffres arabes, plus commodes que les chiffres romains pour exécuter les calculs de toutes sortes; l'institution des banques (dont la plus ancienne fonctionnait à Venise dès le douzième siècle), et l'invention des lettres de change, invention attribuée aux juifs, mais déjà généralement répandue au treizième siècle; la création d'assurances contre les risques et les périls des voyages de terre et de mer; enfin, l'établissement de sociétés de négociants du genre de celles que nous appelons *en commandite :* toutes ces améliorations notables contribuaient à donner plus d'extension

Fig. 124. — Exécution du célèbre pirate allemand Stœrteneck et de ses soixante-dix complices, en 1402, à Hambourg; d'après une image populaire de la fin du xvie siècle. Bibl. de la ville, à Hambourg.

et plus d'activité au commerce, qui ne cessait d'accroître la richesse publique et privée, en dépit de tous les obstacles que la routine, l'envie et le mauvais vouloir s'efforçaient encore de susciter aux grandes entreprises.

Longtemps les Français, par insouciance, par paresse ou par antipathie, car ils avaient plus à cœur de s'occuper d'armes et de chevalerie que d'affaires de lucre et d'intérêt, ne prirent qu'une faible part au commerce même, grand ou petit, qui se donnait carrière sur leur propre territoire. Les nobles dédaignaient de se mêler de trafic, comme indigne d'eux; les bourgeois, faute de générosité et d'intelligence dans les idées, se bornaient à l'accaparement du commerce local. Quant au commerce extérieur, le plus important et le plus lucratif, il restait abandonné entre les mains des étrangers, juifs ou lombards, qui ne se lassaient jamais de marcher à la fortune, sous le stigmate de la honte ou de l'infamie.

« Un des principaux obstacles au développement du commerce national, » dit l'historien que nous avons plusieurs fois cité, « c'était le caractère étroit et municipal des corporations, dont les ambitions, les relations et les privilèges étaient enfermés dans l'enceinte d'une cité. » Peu à peu elles formèrent une sorte de féodalité bourgeoise, qui entra en lutte avec la royauté même. Étienne Marcel, qui tint un moment entre ses mains les destinées de la France, était un marchand drapier.

Des factoreries et des établissements avaient été fondés, de 1365 à 1382, par les navigateurs normands, sur la côte occidentale de l'Afrique, dans le Sénégal et la Guinée. Des flottes marchandes (fig. 125), nombreuses et fortes pour ces temps, étaient encore employées à la continuation de ce commerce, toujours facile et fructueux, dans lequel on échangeait des toiles, des grains divers, des couteaux, des eaux-de-vie, du sel, contre des cuirs, de l'ivoire, des gommes, de l'ambre gris et de la poudre d'or.

Fig. 125. — Navire marchand au milieu des périls de la mer; d'après une gravure sur bois du *Grand Kalendrier et compost des Bergiers*, in-fol.; imprimé à Troyes, vers 1490.

Ces brillants résultats en auraient amené d'autres si la démence de Charles VI, la rivalité des maisons d'Orléans et de Bourgogne, l'intervention des Anglais dans nos affaires intérieures, n'en eussent tari la source au profit des Hollandais et de la ligue hanséatique.

La guerre étrangère et l'anarchie plongèrent la France dans une misère effroyable. « De la Loire à la Seine, et de la Seine à la Somme, » rapporte un auteur du temps, Thomas Basin, « les paysans sont morts ou en fuite, les champs incultes et sans laboureurs. J'ai vu de mes yeux les vastes plaines de la Champagne, de la Brie, de la Beauce, le Maine, le Perche, le pays de Caux, toute la contrée jusqu'en Hainaut, déserts, en friche, dépeuplés, couverts de ronces et de buissons. On ne trouvait plus de culture que dans les environs immédiats des villes, des bourgs fortifiés ou des châteaux, dans le rayon que pouvait embrasser, du haut d'une tour ou d'un poste élevé, le regard du guetteur, chargé de signaler l'approche des brigands. » Le nombre des péages avait doublé; les foires de Champagne, du Lendit, de Lyon n'existaient plus que de nom; à Dieppe et à Rouen, l'on avait renoncé à trafiquer sur les côtes d'Afrique; les juifs et les Italiens avaient transporté leurs comptoirs à l'étranger. Seul, le Languedoc, plus éloigné du théâtre de la guerre, conservait quelque activité commerciale.

Tel était le misérable état du royaume lorsque parut Jacques Cœur.

Fils d'un riche pelletier de Bourges, il fut de bonne heure initié par son père à la pratique des affaires, et ses qualités personnelles suppléèrent à son défaut d'instruction. Vers 1429, il forma, avec les frères Pierre et Barthélemy Godard, une société « en tout fait de marchandise ». Ayant conçu le projet de se porter le rival des Vénitiens (fig. 126) et des Génois pour le commerce du Levant, il visita en 1432 l'Égypte et la Syrie, et à son retour, établit à Montpellier un comptoir qui allait devenir le centre de

ses opérations dans la Méditerranée. Comment il réussit à élever,
en peu d'années, son œuvre à un degré inouï de prospérité, on

Fig. 126. — Marchand vénitien en Syrie au xvie siècle ; d'après Vecellio.

l'ignore ; en l'absence de ses livres, qui ont péri, on ne peut l'attribuer qu'à ses rares qualités, dont témoigne le chroniqueur Amel-
gard en le nommant un homme des plus industrieux et des plus

ingénieux, doué d'un esprit persévérant et d'une prudence singu-
lière ». La foule ignorante inclinait à penser qu'il avait reçu, du
fameux alchimiste Raymond Lulle, le secret de la pierre philoso-
phale.

De fait, quinze ans après la fondation de son comptoir, Jacques Cœur, anobli en 1440, possédait trente seigneuries, une
partie des mines du Beaujolais, des maisons dans cinq ou six
grandes villes; son hôtel de Bourges (fig. 127), où s'étale partout
sa devise : *A vaillans cuers rien impossible,* est un dernier reste
des splendeurs de sa vie presque royale. Il avait sept navires
sillonnant la Méditerranée en tous sens, et, « à lui seul, » dit
Matthieu de Coucy, « il gagnait, chascun an, plus que ne faisaient
ensemble tous les autres marchands du royaume ». Ses facteurs
étaient répandus, au nombre de 300, sur tout le littoral et dans
les principales cités de l'intérieur; il avait su les choisir intelligents
et habiles, et les intéressait au progrès de sa fortune. Au surplus,
il mettait une grande loyauté et une entière bonne foi dans ses
transactions; des témoignages de générosité adroitement répandus
à la cour des princes d'Orient lui donnaient crédit et autorité
auprès d'eux. Ainsi, il obtint, du soudan d'Égypte Abou-Saïd, un
traité qui garantit liberté et sécurité aux négociants français, ainsi
que l'installation d'un consul à Alexandrie.

Quand Charles VII rétablit la charge d'argentier, il la lui conféra. Entre les mains de Jacques Cœur, ces fonctions prirent un
caractère d'une utilité beaucoup plus générale. En régularisant
l'emploi des finances du roi, et par la création de ressources nouvelles, il contribua puissamment à fournir les moyens dont Charles
avait besoin pour secouer le joug des Anglais; 200,000 écus d'or
qu'il avança lui permirent de reconquérir la Normandie. A plusieurs reprises, il fut chargé au dehors des plus délicates missions

Fig. 127. — La maison de Jacques Cœur (xvᵉ s.), à Bourges, transformée aujourd'hui en l.ô:el de ville.

politiques. Les contemporains évaluaient ses biens, en France seulement, à un million d'écus d'or (plus de 10 millions de francs en monnaie actuelle); mais il faisait de cette immense fortune le plus noble usage. La famille de l'argentier eut sa part dans la faveur dont il jouissait : Nicolas Cœur, son frère, devint évêque de Luçon; sa sœur épousa un secrétaire du roi; un de ses fils fut nommé archevêque de Bourges, à vingt-cinq ans.

Tant de richesses, tant d'honneurs accumulés sur la tête d'un seul homme, devaient exciter la jalousie contre Jacques Cœur. Roturier et marchand, par son génie et sa haute fortune, il exaltait la bourgeoisie et le commerce à l'égal de la noblesse et du métier des armes, jusqu'alors exclusivement en estime. En un temps de détresse, seul il savait s'enrichir, et, prêteur universel, il tenait chacun sous sa dépendance. L'orage amassé par l'envie éclata en 1451. Arrêté sans aucune information préalable, et traduit devant une commission extraordinaire, sous l'absurde accusation d'avoir empoisonné Agnès Sorel, qui l'avait désigné pour son exécuteur testamentaire, Jacques Cœur fut traîné de prison en prison jusqu'au 29 mai 1453, où un arrêt, aussi injuste qu'odieux, le condamna à payer 400,000 écus d'or, à la confiscation de ses biens et au bannissement pour le reste de sa vie. Quelques jours après, un échafaud était dressé sur la grand'place de Poitiers, et, en présence d'une foule immense, Jacques, à genoux, sans ceinture ni chaperon, une torche de dix livres de cire au poing, dut faire amende honorable (fig. 128).

En juillet 1455, il fut transféré dans le couvent des cordeliers de Beaucaire. Mais, ne s'y sentant pas à l'abri des atteintes de ses ennemis, il fit parvenir à l'un de ses facteurs, Jean du Village, qui avait épousé sa nièce, une lettre, dans laquelle il lui disait « que pour Dieu, il eust pitié de luy, en trouvant moyen de le tirer hors

de là, et de lui sauver la vie ». Jean s'adjoignit d'autres facteurs et
une vingtaine de matelots, remonta le Rhône dans une barque

Fig. 128. — Amende honorable de Jacques Cœur devant Charles VII, en 1453; d'après
une miniature des *Chroniques* de Monstrelet; ms. du xvᵉ s. Bibl. nat.

et parvint, à la faveur de la nuit, à enlever le prisonnier. Celui-ci
se réfugia à Rome, auprès du pape Nicolas V, qui le logea

dans son propre palais, et s'occupa d'y recueillir les débris de sa fortune. Désigné par Calixte III pour diriger une expédition contre les Turcs, il tomba malade à Chio et y mourut, le 25 novembre 1456. Louis XI ordonna la revision de son procès, « réparation tardive et incomplète qui, en réhabilitant la mémoire de Jacques Cœur, condamnait celle de Charles VII ».

L'œuvre de Jacques Cœur ne périt point avec lui; ses anciens facteurs continuèrent à trafiquer avec les ports du Levant, où la prise de Constantinople par les Turcs, en portant de sensibles dommages à la puissance de Gênes et de Venise, contribua au développement de l'influence française. D'autre part, Charles VII, mieux inspiré, favorisa les expéditions sur la côte d'Afrique, rétablit les foires de Champagne, en accorda plusieurs à Lyon et à Bordeaux; il abolit, en outre, les péages illicites qui entravaient le transport des marchandises par eau, et affecta des fonds pour l'entretien des ponts et des routes.

Louis XI, qui aimait à s'entourer de gens « de moyen estat », parce qu'il trouvait en eux plus de savoir pratique, donna ses soins aux affaires commerciales, en suivant une politique raisonnée. Il comprit, en effet, « que le meilleur moyen de ramener le numéraire, c'était de multiplier les relations avec l'étranger, d'encourager le commerce intérieur, de créer en France de nouvelles sources de production. » Aux environs de Tours, il établit des plantations de mûriers et des fabriques de soie, et interdit sévèrement l'entrée des soies de l'Inde. Lyon, Rouen, Bayonne, Caen et d'autres villes obtinrent des privilèges de foires franches. S'il ne put réaliser l'uniformité des poids et mesures, on lui dut l'institution des postes, qui permit aux négociants d'avoir des correspondances plus sûres et plus rapides.

Au seizième siècle, s'opère une véritable révolution. Les Portu-

gais avaient étendu leurs découvertes le long de cette même côte
d'Afrique où les avaient précédés les navigateurs normands. Bientôt
ils doublèrent, avec Vasco de Gama, le cap de Bonne-Espérance, et

Fig. 129. — Découverte de l'Amérique, le 12 octobre 1492. Christophe Colomb arbore la
croix et baptise l'île de Guanahani, du nom du Christ, île de San-Salvador (aujourd'hui
l'île du Chat, l'une des Lucayes); d'après une estampe gravée sur cuivre par Th. de Bry,
dans le recueil des *Grands Voyages*, 1590.

ouvrirent une route nouvelle, toute maritime, pour aller aux
Indes. Quelques années après, Christophe Colomb (fig. 129),
plus audacieux et plus heureux encore, guidé par la boussole et
par son génie, découvre un nouveau continent, une quatrième

partie du monde. Cet événement inattendu, le plus grand, le plus remarquable de l'ère moderne, vient décupler le champ de la production ainsi que celui de la consommation, et augmenter, dans des proportions énormes, non seulement la variété et la quantité des choses échangeables, mais encore la masse des métaux précieux; ce qui amène une révolution complète dans les lois économiques de tous les États de l'Europe.

Le commerce maritime acquiert aussitôt un développement extraordinaire, et abandonnant les ports de la Méditerranée, même ceux du Levant, qui lui semblent déchus et misérables, il prend l'Océan pour mer intérieure et s'élance, sur des milliers de navires, à la poursuite des richesses féeriques du Nouveau Monde.

Le temps des caravanes et du cabotage est passé; c'en est fait de la splendeur de Venise, c'en est fait du règne de la Méditerranée. Le commerce du monde passe tout à coup des cités actives et industrielles que baigne cette mer, dont le négoce s'était emparé depuis tant de siècles, aux nations occidentales, qui se partagent l'exploitation des Grandes Indes et de l'Amérique : aux Portugais, aux Espagnols d'abord; aux Hollandais et aux Anglais, plus tard. La France, absorbée, dévorée, ruinée encore une fois par les guerres civiles et surtout par les dissensions religieuses, ne jouera dans cette révolution pacifique qu'un rôle secondaire.

Cependant, Louis XII, François Ier, Henri II, essayent de susciter, d'encourager les voyages au long cours et de créer, dans l'intérêt du commerce, des colonies françaises sur les côtes d'Amérique, depuis la Floride et la Virginie jusqu'au Canada. Mais ces colonies n'auront qu'une existence effacée et précaire; les pêcheries seules réussirent, et le commerce en France resta timide, chétif, circonscrit et casanier, quoique les besoins du luxe ne cessassent de s'augmenter à la cour. Ce luxe trouvait à se satis-

faire dans l'usage des marchandises qui lui venaient des Pays-
Bas, d'Espagne et d'Italie. L'industrie nationale fit partout des

Fig. 130. — Marchand de Florence, au xvie siècle; d'après Vecellio.

efforts pour sortir de cet état d'abaissement : elle se porta surtout vers la fabrique des soieries et des étoffes tissées d'or et d'argent. Le seul moyen pratique auquel eut recours la royauté

pour protéger l'industrie et le commerce, ce fut de prohiber absolument l'importation des marchandises étrangères et de combattre les progrès du luxe par des lois somptuaires.

Certes, le gouvernement d'alors ne comprenait rien aux avantages qu'une nation doit retirer du commerce lorsqu'il faisait défense aux gentilshommes de se livrer au trafic des marchandises, sous peine d'être privés des privilèges de la noblesse. Cependant, les rois de la branche des Valois avaient sous les yeux l'exemple de l'Italie, de Gênes, de Venise, de Florence surtout, où les nobles étaient tous marchands ou fils de marchands (fig. 130). On semblait vouloir faire de la classe marchande dans le royaume une classe à part, exclusivement bourgeoise et stationnaire, renfermée dans ses comptoirs et ne participant en rien à la vie publique. Les marchands s'indignèrent de l'espèce d'ostracisme qui les frappait, et, pour se distraire des loisirs que leur laissait le commerce, ils se jetèrent avec toute leur activité dans les luttes sanglantes de la Réforme et de la Ligue.

Ce fut le règne d'Henri IV qui les rendit à leurs occupations, et ils ne furent plus que marchands quand Sully mit en œuvre les idées politiques de son maître, pour faire renaître la prospérité du commerce. De là date une ère nouvelle dans les destinées commerciales de la France.

II.

SULLY ET COLBERT.

Un des premiers soins d'Henri IV, sitôt la paix rétablie, fut de convoquer à Rouen, en 1596, une assemblée de notables, dans le but de remédier à l'affreux désordre où le mauvais gouvernement d'Henri III et les fureurs de la Ligue avaient jeté les finances publiques, et avec elles l'agriculture, l'industrie et le commerce. Ce fut, en quelque sorte, le point de départ des grandes réformes.

S'inspirant des idées que lui avait exposées dans un intéressant mémoire Barthélemy Laffemas, le roi forma, par lettres patentes du 16 avril 1601, un corps chargé « de vacquer au restablissement du commerce et manufacture dans le royaume ». C'est la première chambre de commerce qu'ait eue la France. Quarante ans auparavant, on avait fait une tentative de ce genre, en établissant, à Paris, des juges consuls, et l'ordonnance de Moulins (1566) étendit cette institution à toute la France. Mais c'était là une sorte de tribunal plutôt qu'un conseil supérieur : les procès de commerce devaient y être jugés par des magistrats compétents, au lieu d'être abandonnés aux échevins et jurats, qui n'étaient souvent pas en état de les résoudre. Les membres qui composaient la chambre nouvelle étaient tirés du conseil d'État, du parlement, de la chambre des comptes, de la cour des aides. Bien que les questions particulières dont ils avaient à s'occuper leur fussent en général très familières, ils suppléèrent à ce qui pouvait leur manquer de connaissances techniques en appelant parmi eux le contrôleur général du commerce Laffemas et les principaux fabricants et marchands de France.

En même temps qu'il donnait à l'industrie de puissants encouragements, qui ne tardèrent pas à produire les meilleurs résultats (1), Henri IV, avec le concours de son ministre Sully et les excellents mémoires que lui fournissait la chambre de commerce,

---

(1) *Voy.* le volume de l'INDUSTRIE ET L'ART DÉCORATIF AUX DEUX DERNIERS SIÈCLES, dans la même collection.

s'occupa de « redresser et embellir les chemins en faveur du trafic ». Toutes les voies de communication étaient ou détruites, ou dans un état de dégradation extrême ; les charrois n'avaient plus lieu que moyennant un grand renfort de bêtes de somme. Pour faire cesser la confusion qui régnait dans cette partie du service public, un édit fut rendu, portant création de l'office d'un grand voyer, lequel avait la surintendance des travaux. Routes, ponts, quais, tout fut entrepris à la fois, et d'après la correspondance de Sully avec les divers agents des finances, on trouve qu'on y consacrait par an la somme de 2,250,000 livres (plus de 8 millions en monnaie d'aujourd'hui).

Les travaux exécutés pour rectifier le cours des rivières et améliorer leur navigation ne furent pas poussés moins activement. On sait que le canal de Briare fut l'œuvre de ce règne, fécond en entreprises utiles ; mais le projet caressé par le roi et Sully pour la navigation intérieure était plus vaste, ainsi qu'on peut le voir dans les *Économies royales* : « Le dixième expédient est les conjonctions de la rivière de Seine avec Loire, de Loire avec Saône, et de Saône avec Meuse ; par le moyen desquelles (conjonctions) en faisant perdre deux millions de revenu à l'Espagne et les faisant gagner à la France, on faisoit, par à travers d'icelle, la navigation des mers Océane et Méditerranée de l'une dans l'autre. » Tout ce qui se rapportait à ce plan d'ensemble, études, tracé, dépenses, avait été mûrement délibéré et résolu, même le futur canal du Languedoc ; les gouvernements postérieurs se chargèrent, l'un après l'autre, d'en parfaire l'exécution.

Grâce aux empiètements des Anglais, habiles à profiter de nos discordes civiles, le commerce extérieur avait perdu tous les éléments de sa prospérité. A nos objets de luxe les Anglais avaient fermé leurs ports ; quant aux objets de nécessité, qu'ils vinssent

d'un côté ou de l'autre de la Manche, ils s'étaient réservé les bénéfices du transport par mer et de la vente sur nos marchés (fig. 131);

Fig. 131. — Marchand anglais de la fin du xvi⁰ siècle; d'après Vecellio.

ils avaient de la sorte établi à leur profit le monopole poussé à ses
dernières limites. Quand la paix de Vervins eut rouvert aux marchands le littoral de l'Espagne et celui des Pays-Bas demeurés
espagnols, les Anglais firent les plus grands efforts pour ruiner

notre commerce dans son premier essor. « Leurs pirates, » raconte M. Poirson, « attendirent les navires partout, et principalement sur les côtes de France et d'Espagne; ils firent butin des cargaisons et se saisirent des bâtiments eux-mêmes; tantôt ils embarquèrent l'équipage sur des chaloupes, tantôt ils le noyèrent pour faire disparaître la trace de leurs vols. » La correspondance d'Henri IV avec la reine Élisabeth est remplie des plaintes qu'il lui adresse au sujet de ces pirateries. Passant bientôt des plaintes à la répression, il délivra des lettres de marque pour courir sus aux Anglais et fit saisir rigoureusement leurs articles d'importation reconnus de mauvaise qualité; sur la menace d'une déclaration de guerre, ils cédèrent.

Henri IV fut obligé de recourir également soit à la force, soit à l'intimidation, avec les autres puissances, afin de les amener à respecter notre commerce. Reprenant la politique de François Ier, il signa avec l'empire Ottoman (1603) un traité, qui assura aux Français liberté entière dans les ports levantins, pour acheter et pour vendre, ainsi que droit de pêche du poisson et du corail dans les eaux d'Alger et de Tunis. Il y était, de plus, expressément stipulé que les navires des autres nations ne seraient admis à fréquenter ces mêmes ports « que sous l'aveu et sûreté de la bannière de France, laquelle ils porteraient comme leur protectrice et puissante sauvegarde ». Des traités non moins avantageux furent conclus avec l'Angleterre, l'Espagne, la Suisse, les États d'Allemagne et d'Italie. « Le roi, » fait remarquer son savant historien, « fut grandement aidé dans cette tâche immense par ses secrétaires d'État Villeroy et Sully, et par ses ambassadeurs qu'il avait choisis avec discernement, et qui, partout, firent preuve d'une habileté consommée. »

Ce qu'il tenta pour favoriser le progrès des colonies en Amérique ne réussit pas, comme nous l'avons dit ailleurs, parce que les capitaux n'étaient pas encore assez abondants et que la marine

Fig. 132. — Jean-Baptiste Colbert (1619-1683); d'après le portrait de Ph. de Champagne, gravé par Nanteuil (1660).

de guerre, encore trop faible, ne suffisait pas à les protéger contre les ambitions rivales.

L'impulsion donnée au commerce par Henri IV se soutint,

malgré les troubles de la minorité de son successeur. On dut au cardinal de Richelieu quelques bonnes mesures, surtout en fait de grande voirie et de constructions navales. Mais ce fut sous Louis XIV que l'esprit d'association acquit un vaste développement et reçut des applications nombreuses. Colbert (fig. 132), dès son entrée au ministère, s'était proposé de constituer en France une industrie et un commerce, ayant pour véhicule sur toutes les mers une nombreuse marine marchande et pour protection une grande marine militaire (fig. 133).

On voit, d'après le tarif des douanes publié en 1664 pour remplacer celui de 1644, que Colbert n'entendait demander au commerce extérieur que les marchandises et les objets dont la production lui semblait nulle ou impossible en France. En protégeant ainsi la production nationale contre les abus de l'importation, lors même que les produits français étaient beaucoup plus chers et de moindre qualité que les produits étrangers, son but principal fut de rendre l'action industrielle de la France tout à fait indépendante de celle des nations voisines. Il prétendait aussi faire prospérer le commerce indigène, en assurant du travail aux artisans oisifs, non moins nombreux dans les campagnes que dans les villes, et en retenant dans le royaume tout l'argent qui en sortait pour y faire entrer les draps et toiles de Hollande et d'Angleterre, les fers et bois de Suède, les glaces et les dentelles de Venise, les soies de Bologne et de Florence, les cuirs d'Espagne et les tapisseries de Flandre.

Le tarif de 1644 était moins élevé que celui de 1664, mais ce dernier fut accepté, par tout le monde, comme une amélioration commerciale, parce qu'il réduisait à un seul droit d'entrée et à un seul droit de sortie tous les droits qui avaient grevé les marchandises françaises ou étrangères, en abolissant les tarifs confus, obscurs et inégaux, qui existaient de province à province et qui

entravaient partout les échanges aussi bien que la circulation des
marchandises et des denrées. Mais, trois ans plus tard, le tarif de
1664 se trouva bouleversé par un nouveau tarif, qui doublait les
droits d'importation pour les marchandises d'origine étrangère :
Colbert, dans l'exposé des motifs de la nouvelle ordonnance,

Fig. 133. — Navires de guerre et navires marchands au xviie siècle; d'après une estampe
du temps.

faisait dire au roi, que « l'établissement de diverses manufactures
dans le royaume en ayant notablement chargé le prix, il avoit
fallu procéder à une nouvelle taxe sur l'entrée et la sortie d'au-
cunes marchandises. »

Ces procédés, peu équitables de la part de la France, devaient
amener, en forme de représailles, une augmentation considérable
de droits de douane, pour les marchandises françaises, dans les

ports de la Hollande, de l'Angleterre et de l'Espagne. Les surtaxes de 1667 devaient fatalement indisposer le commerce hollandais et devenir la cause principale de la guerre de 1672, qui avait commencé par une lutte de tarifs entre la France et la Hollande (fig. 134). La marine marchande ne parvint pas rapidement à l'extension que Colbert lui avait promise, et le droit de 50 sous par tonneau, qui frappait les marchandises importées sous le pavillon étranger dans les ports de France, ne servit qu'à causer une irritation profonde en Hollande, car la marine marchande de ce pays comptait 16,000 vaisseaux, lorsque la nôtre n'en avait pas plus de 1,600.

Au traité de Nimègue, malgré les victoires remportées par nos soldats, il fallut abandonner le tarif de 1667 et accorder aux Pays-Bas une liberté presque entière de trafiquer avec nous. Colbert ne s'en consola jamais; en 1680, il soutenait que « si ce tarif pouvait être rétabli, il produirait un très grand bien aux sujets du roi ». Or ce tarif continuait d'exister à l'égard des autres pays. « Il était bien difficile, » dit M. Rambaud, « en continuant à exclure les produits étrangers, d'obtenir que les étrangers reçussent les nôtres en franchise : ils usaient de représailles. Sans doute, on protégeait nos manufactures contre les importations étrangères, mais cet avantage était bien compensé par les entraves apportées à nos exportations. Pour le commerce comme pour l'industrie, Colbert ne put se dégager des idées de son temps, qui dominèrent encore près de cent ans après lui. « La liberté est l'âme du commerce, » écrivait-il; mais, dans la pratique, il ne croyait pas que nos industries naissantes pussent se soutenir sans un système très rigoureux de protection et même de prohibition vis-à-vis des produits étrangers. »

Lorsqu'il s'était passionné pour une de ses créations, Colbert dépassait souvent le but, et il s'obstinait quelquefois dans son idée, malgré l'évidence des faits qui lui donnaient tort. Il avait espéré, par exemple, accaparer, au profit de la France, le commerce du monde entier, par la formation de diverses compagnies pour l'exploitation du commerce des Indes, du Levant, du Sénégal et du Nord : « Les choses faciles, » disait-il à l'ouverture

Fig. 134. — « Les magasins établis sur les frontières. » Tiré des *Médailles sur les principaux événements du règne de Louis le Grand par l'Académie royale des médailles et inscriptions* Paris, 1702.

du premier conseil du commerce, « ne produisent point ou peu de gloire et d'avantages; les difficiles, au contraire. Si, à la puissance naturelle de la France, le roi y peut joindre la puissance des villes et des États qui ont eu seulement en partage cet art et cette industrie, l'on jugera facilement que la grandeur et la puissance du roi augmenteront prodigieusement. »

Colbert avait espéré que la France entière apporterait son concours à la formation de ces compagnies commerciales, qui devaient, d'après ses calculs et ses prévisions, augmenter au centuple la fortune publique. Louis XIV partageait les espérances de son ministre, et il avait fait appel au patriotisme de tous les corps constitués et de tous les fonctionnaires de l'État, pour apporter des capitaux à ces compagnies formées sous ses auspices. Au début, Colbert se heurta au mauvais vouloir de la capitale et des provinces : les bourses se resserraient, au lieu de s'ouvrir; la pression exercée, au nom du roi, sur les personnes qui ne pouvaient refuser de souscrire, accrut encore la haine que Colbert avait assumée sur lui par la réduction des rentes : il eût fallu 100 millions pour organiser ces compagnies, on n'en recueillit pas la moitié. Le roi perdit toutes les avances qu'il avait faites, et les actionnaires ne touchèrent que l'intérêt de leur argent, sans espoir de recouvrer le capital.

La création de la *Compagnie des Indes orientales* avait eu pourtant un grand retentissement en Europe, et l'on attendait les meilleurs effets des privilèges qui lui étaient accordés; pourtant, en 1674, après onze années d'existence, elle était en déficit de plus de 6 millions, et elle se traîna péniblement, durant tout un siècle, à travers des alternatives de ruine et de prospérité. La *Compagnie des Indes occidentales,* que Colbert avait reconstituée sur de nouvelles bases, fut encore moins heureuse : après avoir perdu 4 millions 1/2 en dix ans, elle se vit forcée de liquider et de céder tous ses établissements au roi, contre la remise d'une créance de 1,300,000 livres. La *Compagnie du Nord,* créée en 1669, celle *du Sénégal,* créée en 1673, et celle *du Levant,* dont le roi avait fourni le fonds social, n'eurent aussi qu'une existence éphémère et ne produisirent aucun des brillants résultats que Colbert se flattait d'obtenir.

Ces déceptions diminuèrent sans doute la confiance que Louis XIV avait eue dans la capacité administrative de son ministre, mais il ne lui fit aucun reproche, en n'attribuant qu'à des circonstances malheureuses les pertes énormes qui furent la conséquence des essais économiques de Colbert. Celui-ci souffrait vivement, dans son amour-propre, du mauvais succès de ces gigantesques entreprises, qui, dans sa pensée, n'avaient échoué que par suite des guerres maritimes de la France contre l'Angleterre et la Hollande. « M. Colbert devint si difficile et si chagrin, » dit Charles Perrault, « qu'il n'y avoit plus moyen d'y suffire ni d'y résister. »

C'était Louvois qui le minait sourdement dans la faveur du roi, Louvois qu'il avait longtemps tenu en sous-ordre, en le parquant rigoureusement dans son département de la guerre, et qui reprenait le dessus en s'attachant à faire ressortir, avec une adresse perfide, tout ce qui pouvait rabaisser le mérite de son collègue et lui ôter quelque chose de la confiance et même de l'estime du roi. Louvois avait cet avantage sur Colbert, qu'il accompagnait toujours Louis XIV dans ses campagnes, tandis que Colbert était obligé de rester à la tête de son administration, et ses lettres au roi, si fréquentes et si habiles qu'elles fussent, n'avaient pas la portée des paroles insidieuses de Louvois.

Ainsi, en 1679, le roi, qui avait visité les fortifications exécutées dans les villes de Flandre sous la surveillance personnelle de Louvois, revint, émerveillé de la beauté de ces travaux d'architecture militaire, et de la modération des dépenses, comparativement à la grandeur et à l'étendue des ouvrages que le ministre de la guerre avait entrepris et terminés en si peu de temps et à si peu de frais. A son retour, il dit seulement à Colbert : « Je viens de voir les plus belles fortifications du monde et les mieux entendues, mais ce qui m'a le plus surpris, c'est le peu de dépense qu'on y a faite. D'où vient qu'à Versailles nous faisons des dépenses effroyables et que nous ne voyons rien d'achevé? Il y a quelque chose à cela que je ne comprends pas. »

En vain Colbert voulut-il expliquer, par de très bonnes raisons, « la différence notable qui se trouvoit entre les ateliers d'armée, où les soldats ne reçoivent qu'une très petite paye, et les ateliers de Versailles, où l'on paye de fortes journées aux paysans qui y travaillent ». Le roi n'eut pas l'air de l'écouter, et lui tourna le dos. Quoique blessé et irrité de l'injustice de Louis XIV, il crut devoir s'efforcer de le contenter, et il annonça un rabais considérable sur tous les ouvrages de bâtiment qu'il avait encore à faire à Versailles et dans les maisons royales. Ce rabais inusité dut être publié : les bons ouvriers se retirèrent, les mauvais se présentèrent, et les travaux qui se firent dans ces conditions nouvelles ne pouvaient satisfaire personne. Le roi en témoigna son mécontentement et s'éloigna davantage de Colbert, qui se mit alors lui-même à distance.

Toutefois, il n'en continua pas moins jusqu'au moment de sa mort, arrivée en 1683, à concilier, autant qu'il était possible, deux choses contradictoires : le soulagement du peuple et la rentrée régulière des revenus royaux. Pour réaliser ce rêve, il aurait fallu réduire la dépense aux proportions des ressources, et le roi, qui aimait le faste et la guerre, n'entendait pas en venir là.

Un des plus grands services que Colbert rendit au commerce fut la célèbre ordonnance publiée en 1673, dont beaucoup de dispositions ont passé dans notre code moderne. Elle maintient les maîtrises, mais en exigeant des aspirants qu'ils fassent preuve de capacité. Elle règle tout ce qui concerne les sociétés, l'usage des lettres et billets de change, le taux de l'intérêt, les clauses rela-

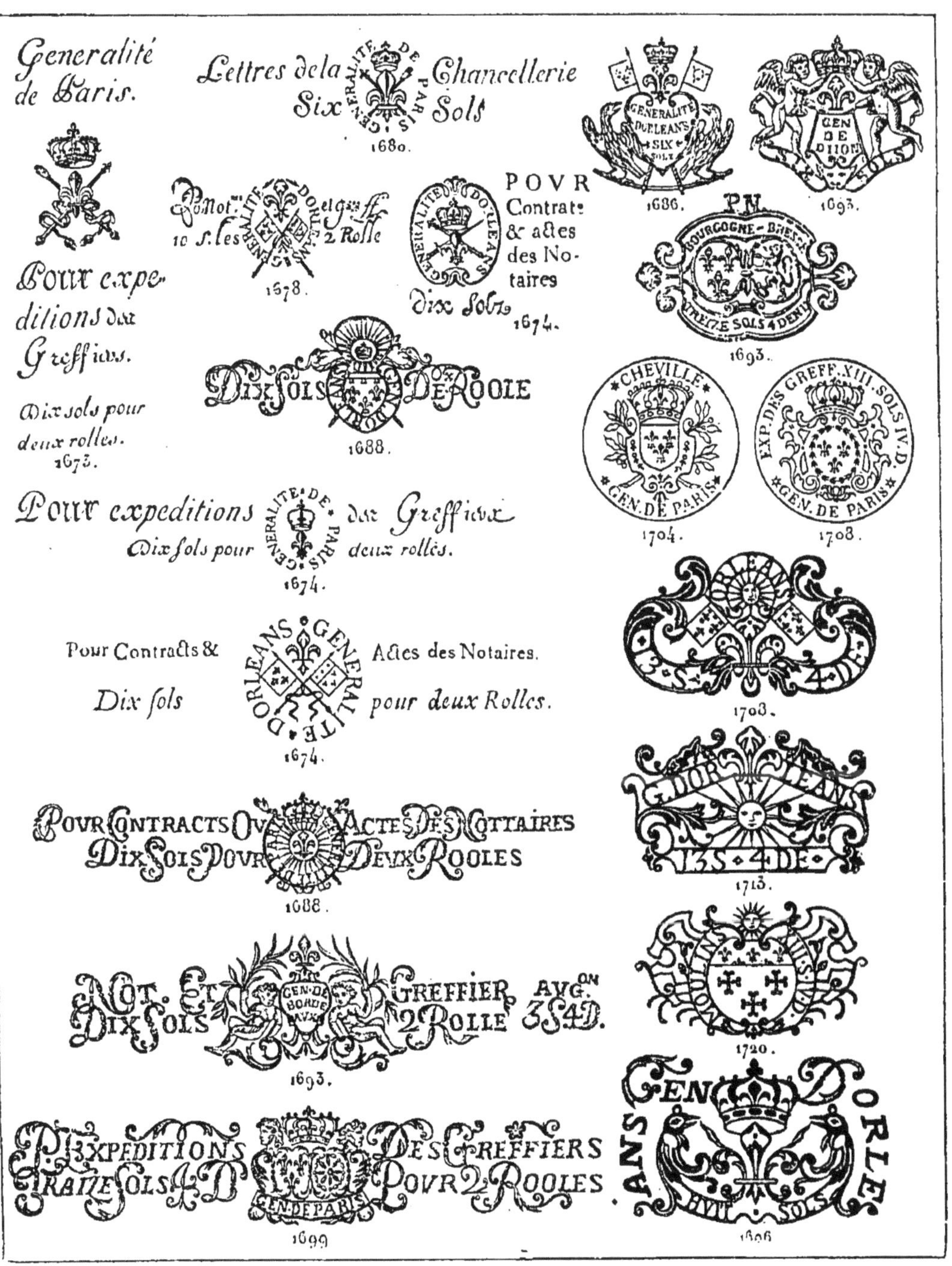

Fig. 135. — Timbres de différentes dates, apposés sur le papier ou le parchemin destiné aux actes publics, à ceux des notaires, tels que contrats de mariage, de vente, baux, etc., et sur les copies ou expéditions de ces actes. (De 1674 à 1720.)

tives aux biens dans les contrats de mariage entre marchands, les partages, les faillites, la contrainte par corps, etc. Elle se termine par l'organisation de la justice commerciale.

Après la mort de Colbert, tout contribua à ruiner son œuvre : guerres continuelles, révocation de l'édit de Nantes qui força des milliers de familles protestantes à porter chez les nations voisines leurs richesses et leur industrie, accroissement des impôts qui écrasaient les marchands.

III.

DEPUIS LA MORT DE COLBERT JUSQU'A LA RÉVOLUTION.

Montesquieu, après avoir reconnu, dans son *Esprit des lois,* que « le commerce guérit des préjugés destructeurs, polit et adoucit les mœurs barbares, et porte à la paix les nations qui négocient ensemble, » fait cruellement ressortir les vices qui y sont inhérents : « Dans les pays où l'on n'est affecté que de l'esprit du commerce, » dit-il, « on trafique de toutes les actions humaines et de toutes les vertus morales; les plus petites choses, celles que l'humanité demande, s'y font ou s'y donnent pour de l'argent. » L'esprit du commerce, aux yeux des philosophes du dix-huitième siècle, était donc l'égoïsme dans sa plus naïve expression.

C'était là sans doute ce qui avait motivé le préjugé d'après lequel la cour, la noblesse et la bourgeoisie même, surtout l'armée et la magistrature, regardaient avec un égal mépris le métier de marchand et la profession de négociant. Cette profession, ce métier étaient presque avilis sous le règne de Louis XIV. Richelieu, par une ordonnance de 1629, n'avait pu guérir les orgueilleux de cette erreur funeste à la prospérité publique. Colbert échoua également lorsqu'il rappela, avec l'approbation du roi, que tous les gentilshommes pouvaient, sans déroger, se livrer au commerce de mer. Négociants et marchands, loin de protester contre cet étrange préjugé, se tenaient à l'écart, contents de s'enrichir sans éclat et sans bruit. Voltaire ne pouvait constater sans indignation le peu de cas dont le commerce était l'objet : « Le négociant, » disait-il, « entend parler si souvent avec dédain de sa profession, qu'il est assez sot pour en rougir. Je ne sais pourtant quel est le plus utile à un État, ou le seigneur bien poudré, qui sait précisément à quelle heure le roi se lève, à quelle heure il se couche, et qui se donne des airs de grandeur en jouant le rôle d'esclave dans l'antichambre d'un ministre, ou un négociant qui enrichit son pays, donne de son cabinet des ordres à Surate et au Caire, et contribue au bonheur du monde. »

Depuis la mort de Colbert jusqu'à celle de Louis XIV (1715), le gouvernement sembla se désintéresser absolument des affaires du commerce, qu'il laissait se développer et se restreindre selon le libre arbitre de l'intéressé; mais les mesures sages et intelligentes que Colbert avait prises pour aider aux progrès de l'industrie et du négoce subsistaient toujours, et se perpétuaient par la force des choses et de la routine. Le commerce, livré à lui-même, n'en suivait pas moins les voies de l'expérience et de l'habitude, en vue de ses intérêts particuliers, mais en contribuant aussi à l'accroissement de la fortune publique. Les produits naturels de la France, ses vins surtout et ses eaux-de-vie, ainsi que ses produits manufacturés, ses étoffes de laine et de soie, ses toiles et ses objets de luxe et de mode, étaient cent fois trop abondants pour sa consommation intérieure, et fournissaient à son trafic d'exportation une inépuisable variété de marchandises, appréciées et recherchées dans les contrées les plus lointaines.

Ce commerce extérieur, dont la prospérité constante n'avait pas même beaucoup souffert des conséquences de la guerre étrangère, s'élevait, en 1715, à 212 millions de livres, dont 118 à l'importation et 94 à l'exportation. Il aurait pu acquérir, dès le temps de Louis XIV, une importance beaucoup plus considérable, notamment dans la Méditerranée et dans les mers de l'Inde, ce qui faisait dire à un seigneur de la cour, comme le rapporte Piganiol de la Force (*Description de la France*, 1719), que : « Si Dieu faisait un jour connaître aux Turcs ce qu'ils peuvent faire par mer, et aux Français jusqu'où ils peuvent porter le commerce, le reste de l'Europe deviendrait bientôt la conquête des uns et des autres. »

Ce fut sans doute sous l'empire de cette idée, peut-être trop orgueilleuse, que le gouvernement de Louis XIV avait favorisé la création de plusieurs compagnies commerciales, qui devaient trafiquer en Asie, en Afrique et en Amérique. Mais ces compagnies, les dernières qui eussent été formées sous Louis XIV, celle de Saint-Domingue, celle du Canada, celle de la baie d'Hudson et celle de l'*Assiente* ou de Guinée, ne prospérèrent pas, du moins au profit des actionnaires, malgré les privilèges avantageux que le roi leur avait accordés; elles ne servirent qu'à fonder des colonies françaises sur quelques points de l'Afrique et de l'Amérique du Nord, en donnant plus d'activité et d'extension à la marine marchande (fig. 136), et en apportant ainsi à la marine militaire un utile concours; car les meilleurs marins, les plus intrépides et les plus habiles, se formèrent dans la première, qui fut le berceau de Duguay-Trouin, de Cassart, de Ducasse, de Gardin et de la Villestreux.

On ne s'explique pas comment ces grandes compagnies commerciales, à qui le roi et l'État prêtaient des sommes énormes sans intérêts, et qui étaient exemptes de tous droits sur les marchandises étrangères importées en France, ne tardèrent pas à déchoir, peu d'années après leur création, et renoncèrent bientôt à leurs énormes privilèges, sans avoir indemnisé personne. Faut-il

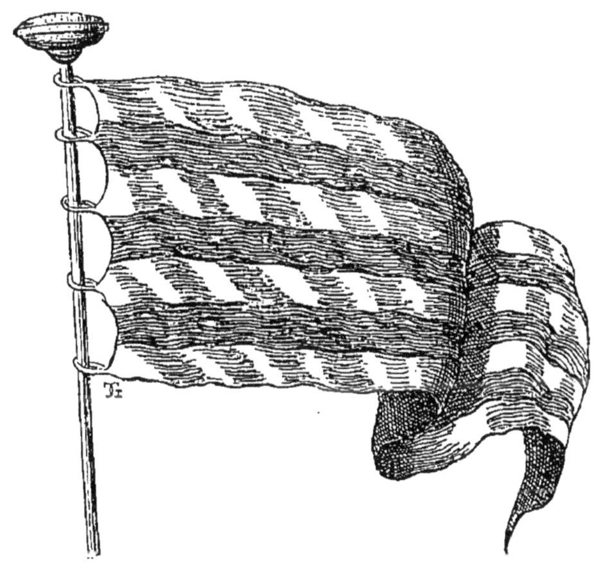

Fig. 136. — Ancien pavillon marchand de la marine française; d'après *les Pavillons ou Bannières que la plupart des nations arborent en mer;* chez David Mortier, à Amsterdam, 1718.

en conclure, comme l'ont prétendu certains économistes du dix-huitième siècle, que le Français n'a pas et n'aura jamais le génie du commerce?

Chez les Anglais, au contraire, on voyait grandir et se développer ce génie national, qui portait sur toutes les mers et dans toutes les contrées du globe son antagonisme contre la France commerçante. « C'est uniquement parce que les Anglais sont devenus négociants, » disait Voltaire dans ses *Lettres philoso-*

phiques, « que Londres l'emporte sur Paris par l'étendue de la ville et le nombre des citoyens. » Les longues guerres que Louis XIV avait eu à soutenir contre l'Angleterre et la Hollande n'étaient, en réalité, de la part de ces deux puissances navales, qu'un moyen de s'opposer aux progrès du commerce français dans les Indes orientales et occidentales. Les compagnies établies en France pour favoriser le commerce extérieur ne réussissaient pas, et à la fin du dix-septième siècle, la Compagnie des Indes se voyait forcée de céder, moyennant une simple redevance proportionnelle, à des villes et à des particuliers, le droit de trafiquer avec les Indes et la Chine; elle n'existait plus que de nom lorsque Law, en 1719, lui prépara de glorieuses destinées, en l'absorbant dans une nouvelle société du même nom, qui devait centraliser le commerce du monde maritime.

Si Colbert avait pu vaincre les préjugés et les répugnances que Louis XIV eut toujours contre le commerce et contre ceux qui l'exerçaient, il aurait sans doute donné une base plus solide aux institutions commerciales, en organisant un contrôle général du commerce à côté du contrôle des finances. Le commerce extérieur et intérieur n'était réellement pas représenté dans le conseil du roi, où les questions qui le concernaient, si importantes qu'elles fussent, ressortissaient tantôt au département de la marine et tantôt à la surintendance des finances.

En 1710, on reconnut enfin la nécessité d'établir un *conseil de commerce,* dans lequel seraient traitées exclusivement les matières commerciales, qui devenaient de jour en jour plus complexes et plus multipliées. Ce conseil fut composé de plusieurs conseillers d'État, de six intendants du commerce, choisis parmi les maîtres des requêtes, du syndic de la province du Languedoc, de deux députés de la ville de Paris et de neuf autres députés des princi-

pales places de commerce (fig. 137). Le conseil se rassemblait sous la
double présidence du secrétaire d'État de la marine et du contrôleur

Fig. 137. — Médaillon commémoratif de l'union des marchands de la ville de Rouen (1703).

général des finances; ce dernier appelait, au besoin, dans le conseil, deux intéressés au bail des fermes du roi. Les six intendants
du commerce, dont la création remontait au mois de mai 1708,
étaient chargés du détail des diverses parties du commerce général,

divisées en six départements spéciaux; ils devaient donc avoir les connaissances nécessaires pour être rapporteurs des affaires que l'assemblée avait à examiner. Quant aux députés des villes, on choisissait, sans doute par élection, les principaux négociants de ces différentes places où le commerce était à la fois considérable et florissant.

Les gens de cour, les nobles, les financiers eux-mêmes, les uns par dédain, les autres par jalousie, n'avaient pas vu de bon œil l'introduction des négociants dans un conseil qu'on pouvait considérer comme une annexe du conseil d'État et des départements ministériels de la marine et des finances.

A la mort de Louis XIV (1715), le conseil de commerce fut supprimé, et ses attributions rentrèrent dans celles des deux nouveaux conseils supérieurs, qui auraient à s'occuper de la marine et des finances, et qui soumettraient leurs décisions au conseil de régence. Cependant, le duc d'Orléans voulut conserver quelque ombre de l'ancien conseil de commerce : il choisit plusieurs membres des deux conseils des finances et de la marine, et les délégua pour travailler alternativement avec les six intendants du commerce et les députés des villes commerçantes du royaume. Bien que ces derniers n'eussent pas voix délibérative dans les réunions, une hostilité sourde se manifesta contre eux et leur ôta toute espèce d'influence, en ne leur attribuant qu'un droit de présence passive et d'examen consultatif.

Les offices d'intendants du commerce avaient été également supprimés par édit et le conseil particulier ne se composait plus que de trois conseillers d'État, de trois maîtres des requêtes, qui étudiaient et rapportaient les affaires, pour les soumettre soit au président du conseil des finances, soit à celui du conseil de la marine. Les négociants députés des villes et les deux intéressés dans les fermes du roi n'étaient plus que des assistants muets. Un nombre illimité d'inspecteurs, nommés par le chef du conseil des finances, recevaient de lui leurs commissions, à l'exception de l'inspecteur de Marseille, qui relevait directement du conseil de la marine.

Telle fut l'organisation administrative du commerce pendant la régence, et ce conseil, aux séances duquel assistaient les négociants les plus compétents et les plus estimés, approuva pourtant les audacieuses innovations du système de Law. Cet économiste écossais, fécond en ressources et toujours téméraire, avait fondé une banque, qui faisait, à l'aide de combinaisons ingénieuses, affluer dans ses caisses tout le numéraire du royaume, en échange de billets, auxquels l'agiotage imposait une hausse factice et aléatoire. Law comprit qu'il devait donner à cette banque une base solide, en représentant par des valeurs mobilières et immobilières le papier mis en circulation avec une folle prodigalité. Ce fut au commerce et à l'agriculture qu'il demanda, du moins en apparence, la consolidation de son système financier.

La *Compagnie de la Louisiane,* qui n'avait donné que des résultats nuls ou insignifiants depuis sa création, passa dans les mains de Law, et devint la *Compagnie d'Occident,* par lettres patentes du roi, en date de septembre 1717.

L'objet principal de la nouvelle société était la plantation et la culture des terres arrosées par le grand fleuve du Mississipi : il s'agissait de réussir là où Crozat, un des plus riches et des plus habiles négociants, avait échoué. On avait en vue, pour faire prospérer une colonie en détresse, le développement du commerce maritime et l'exploitation des mines d'or du pays. Ces mines d'or, par malheur, n'existaient qu'en espérance. La Compagnie d'Occident, dont les actions étaient déjà placées, fit beaucoup de bruit de ses projets et de ses efforts. Dès le mois de mai 1718, six navires chargés de colons et d'ouvriers partirent pour le Mississipi, qui allait être bientôt, disait-on, le centre d'une puissante et magnifique colonisation. Le taux des actions de la banque de Law s'élevait sans cesse; cette banque avait obtenu du roi le privilège du commerce du Canada pour les castors et les autres pelleteries; elle ajouta encore à ce privilège celui de la traite des nègres au Sénégal (fig. 138 et 139), celui de la navigation et du commerce dans toutes les mers de l'Orient, depuis le cap de Bonne-Espérance jusqu'à la Chine.

Alors la Compagnie d'Occident se transforma en *Compagnie des deux Indes,* par édit de mai 1719, en absorbant les anciennes Compagnies des Indes et de la Chine, qui n'avaient cessé de dépérir et qui succombaient sous le poids de leurs dettes. Le roi concédait à la compagnie nouvelle, en toute propriété, les terres, îles, forts, habitations, magasins, meubles, droits, rentes, immeubles, vaisseaux, banques, munitions de guerre et de bouche, nègres, bestiaux et marchandises que possédaient les deux anciennes sociétés, mais à la charge de payer leurs dettes et de fournir au roi une indemnité de 50 millions.

La banque de Law était devenue alors banque de l'État, et dès 1720 ce fut la nouvelle Compagnie des Indes qui fut chargée de l'administrer.

Les gigantesques entreprises que Law avaient annoncées n'eurent qu'un commencement d'exécution. A peine si quelques navires chargés de denrées orientales, et appartenant à la compagnie qui venait d'être dissoute, arrivèrent dans les ports de l'Océan; à peine si la triste colonie du Mississipi envoya quelques échantillons de ses produits indigènes. Law n'eut pas le temps, d'ailleurs, de s'occuper de colonisation et d'agriculture en Amérique, ni de commerce et de conquêtes en Asie. Ses ennemis, ses rivaux, les gros financiers français, les négociants étrangers, les Anglais et les Hollandais surtout, avaient enlevé de la banque royale toutes les espèces monnayées, en n'y laissant que des billets. La catas-

Fig. 138. — Traite des nègres : vente d'une esclave ; d'après Eisen. XVIIIᵉ s.

trophe était inévitable : elle fut prompte et terrible. L'argent avait disparu, les billets de banque et les actions de la Compagnie des Indes étaient tombés à rien.

Il fallut, pour éviter une banqueroute générale, réduire le nombre et la valeur de ces actions et de ces billets. Banque du roi et Compagnie des Indes ne faisaient plus qu'une seule institution financière et commerciale. Les malheureux actionnaires avaient perdu les deux tiers de leur capital; ils renoncèrent généreusement aux primes et aux dividendes promis, sans autre dédommagement qu'une faible part dans la ferme des tabacs, et ils se flattèrent de l'espoir d'être indemnisés lorsque la Compagnie, mieux dirigée et moins obérée, pourrait réaliser les espérances qu'on fondait sur son avenir.

Débarrassée depuis 1725 des opérations de la banque, la Compagnie des Indes, quoiqu'on lui eût retiré une partie de ses privilèges, en conservait assez pour faire de gros bénéfices, puisqu'elle représentait le commerce maritime de la France avec les deux Indes et l'Afrique. Elle avait le monopole du tabac, du café, du thé et des épices, à leur entrée dans les ports du royaume, où elle ne payait que des droits minimes; elle apportait de la Chine les étoffes, les porcelaines et les curiosités de luxe. Toutes les dettes se trouvèrent liquidées par l'émission de 48,000 actions, dont le dividende fut arrêté à 100 livres, et pourtant les actionnaires ne touchèrent pas ce maigre dividende.

Crozat et Samuel Bernard restaient l'un et l'autre à la tête de la Compagnie, qui avait pour vice-protecteur le duc de Bourbon, premier ministre, et pour directeurs d'honneur le duc d'Antin, les maréchaux de Grammont et d'Estrées, le marquis de Lassay, le duc de Chaulnes, le marquis de Mézières et M. de Vendôme. L'opinion publique ne leur était pas favorable, et l'on disait déjà tout haut que leur avarice et leur mauvaise foi porteraient malheur aux pauvres actionnaires. Les négociants et gens de commerce n'en paraissaient pas moins flattés de voir des princes et de grands seigneurs se défaire de leurs préjugés de caste, au point de mettre la main dans des affaires commerciales.

Il y avait, d'ailleurs, huit autres directeurs réels, choisis entre les plus gros banquiers, pour administrer la Compagnie, qui devint une puissance formidable en Asie, qui comptait par milliers ses comptoirs, ses commis, ses vaisseaux, qui donnait tous les jours plus d'activité à son commerce d'importation, et qui, néan-

Fig. 139. — Traite des nègres : la contrainte des noirs au travail; d'après Eisen. XVIIIᵉ s.

moins, en pleine prospérité, ne payait ni ses actionnaires ni ses créanciers. Ceux-ci attendaient, espéraient toujours, et déliaient les cordons de leur bourse à chaque appel de fonds. Le gouvernement seul tirait profit des agrandissements commerciaux et politiques de la Compagnie, qui avait son siège principal à Pondichéry et à Chandernagor.

Averti par les désastres des entreprises de Law, le gouvernement affectait d'intervenir le moins possible dans les choses de commerce; il bornait son rôle à une protection sommaire et générale, en garantissant l'exécution des traités conclus avec les nations étrangères; il négligeait même de faire soutenir par sa marine militaire les intérêts du négoce maritime. Il fallait, suivant un principe égoïste, que le commerçant se sauvegardât lui-même et fît le meilleur usage possible de la liberté qu'on laissait à ses opérations particulières.

Le conseil de commerce, établi par ordonnance du 4 janvier 1717, avait été remplacé, en juin 1721, par un simple bureau composé de 8 personnes. Deux ans après (juin 1723), on y adjoignit 4 intendants du commerce, conseillers du roi en ses conseils, pour la surveillance et la protection du commerce intérieur, ainsi que du commerce extérieur par terre. Les 12 députés des principales villes du royaume avaient toujours voix consultative auprès du bureau du commerce et des quatre intendants, ayant chacun son département spécial; ils étaient appelés, en outre, à donner leur avis dans toutes les questions concernant le commerce extérieur maritime, qui dépendait exclusivement du ministère de la marine (fig. 140).

Les intendants du commerce étaient des conseillers d'État, des maîtres des requêtes, mais on ne cherchait pas, cependant, à combattre, à détruire le préjugé qui attachait une sorte de dégradation sociale à l'exercice du commerce. L'ordonnance royale, dictée par Colbert, qui déclarait la noblesse compatible avec le commerce, était comme frappée de nullité; on ne tenait pas plus de compte des édits qui autorisaient les nobles à faire le commerce en gros, sans déroger. Les magistrats étaient encore plus dédaigneux du commerce que les nobles eux-mêmes, et les négociants,

Fig. 140. — Port de Rochefort. Le magasin des colonies ; d'après Joseph Vernet, XVIIIe s.

qui voulaient en quelque sorte se laver de la tache originelle, se disaient financiers. Plusieurs grands manufacturiers, tels que van Robais et Cados, avaient obtenu des lettres de noblesse; on ne les considérait pas néanmoins comme des commerçants, bien que contribuant par leur fabrication à l'œuvre du commerce. Louis XIV avait récompensé les services de Samuel Bernard, en érigeant sa terre de Coubert en comté; mais, dans les lettres de création, ce dernier était présenté comme financier et non comme négociant; aussi bien ne prit-il jamais le titre de comte.

Aucun préjugé ne fut plus opiniâtre que celui qui éloignait de toute ingérence commerciale les personnes nobles de naissance ou de condition. La noblesse des îles ou des colonies avait seule le privilège de faire le négoce sans dérogeance. Les économistes et les philosophes, qui eurent tant d'action sur toutes les idées comme sur tous les actes du dix-huitième siècle, recommandaient inutilement le commerce à la noblesse et surtout à la noblesse pauvre, qui avait là un moyen honorable d'utiliser ses facultés, en servant sa patrie aussi noblement que par les armes : ils firent peu de prosélytes, et si plus tard l'ordre de Saint-Michel, en dépit de ses statuts, qui exigeaient que ses membres fussent *nobles de deux races,* était décerné à quelques grands commerçants déguisés en financiers, le gouvernement n'en resta pas moins fidèle au principe fondamental posé par Montesquieu dans l'*Esprit des lois :* « Il est contre l'esprit de la monarchie que la noblesse fasse le commerce. L'usage qui a permis en Angleterre le commerce à la noblesse est une des choses qui ont contribué à affaiblir le gouvernement monarchique. »

On distinguait, il est vrai, parmi les gens de commerce, différentes classes qui représentaient, pour ainsi dire, comme dans la noblesse, dans la bourgeoisie, dans la magistrature, tous les degrés de la hiérarchie sociale. Il y avait une aristocratie et une démocratie commerçantes.

Les grands négociants étaient de grands seigneurs, en comparaison des petits marchands, et souvent le financier n'était autre qu'un commerçant. Duclos, dans ses *Considérations sur les mœurs,* donnait ainsi la préférence au commerçant, en le comparant au financier : « Les commerçants sont le premier ressort de l'abondance ; les financiers ne sont que des canaux propres à la circulation de l'argent et qui trop souvent s'engorgent. Les commerçants s'honorent par la voie même qui les enrichit ; les financiers s'imaginent tendre au même but par le faste et l'étalage de leurs richesses. » Les financiers étaient partout à cette époque, brillaient, triomphaient partout ; quant aux commerçants, ils ne faisaient pas souvent parler d'eux, ils ne se montraient guère hors de leur bureau et vivaient généralement dans une obscure médiocrité, malgré leur fortune acquise. « Ce sont les commerçants, » disait le même écrivain, « qui ne s'enrichissent qu'en procurant l'abondance et dont les richesses prouvent les services. On ne les rencontre pas dans la société aussi communément que les financiers, parce que les affaires les occupent et ne leur permettent pas de perdre un temps dont ils connaissent le prix, pour des amusements frivoles. »

On n'avait garde alors de confondre le commerçant avec le marchand, et l'on établissait aussi une différence marquée entre le commerçant et le négociant. L'abbé Coyer caractérise ainsi le négociant, dans *la Noblesse commerçante* (1756) : « Un négociant qui a bien saisi et pratiqué toute la science du commerce, qui en a fouillé tout l'art, connaît la disposition des mers, des côtes et des provinces, la longueur et la brièveté des trajets, les dangers des routes, les besoins et les intérêts nationaux, les mœurs et les coutumes des peuples, les productions locales, les apprêts et les échanges de toutes les matières d'usage, la valeur des monnaies respectives, les variations du change, les ressorts du crédit public et la juste mesure de la circulation de l'or dans les veines de l'État : cet homme ne respire que pour s'appliquer, méditer, combiner. »

Plus tard, vers la fin du règne de Louis XV, quand la profession de négociant fut mise en honneur par l'école philosophique, Joseph de la Borde, le fermier général millionnaire et le banquier de la cour, se glorifiait d'avoir été d'abord exclusivement adonné au commerce : « J'ai toujours conservé, » écrivait-il dans ses *Mémoires* encore inédits, « l'attachement le plus décidé pour le commerce; c'est l'état d'un vrai citoyen. Un négociant qui opère en grand fait mouvoir tous les différents ordres de l'État, en leur faisant recueillir le fruit de son travail : l'agriculture, les manufactures, les artistes, les ouvriers en tous genres, tout se ressent des opérations d'un négociant. J'ai eu jusqu'à vingt navires à la pêche en Amérique, aux Indes orientales, aux Indes occidentales et en Guinée. Combien de personnes occupées, combien d'argent répandu, qui soulage le peuple et le gentilhomme, en leur procurant un débouché avantageux de leurs produits! » Ces nobles paroles, ces sentiments généreux et patriotiques donnent un éclatant démenti aux ignorants vaniteux, qui jugeaient un négociant de Marseille ou de Bayonne d'après le type vulgaire du marchand de la rue Saint-Denis (fig. 141).

Les marchands de Paris, qui étaient cependant séparés entre eux par différents degrés sociaux, avaient justifié quelquefois la méchante opinion que la Bruyère nous a laissée de leur probité. « Le marchand, » écrivait-il en 1694, dans la 8e édition de ses *Caractères,* « fait des montres pour donner de sa marchandise ce qu'il y a de pire : il a le catis et le faux jour, afin d'en cacher les défauts, et qu'elle paraisse bonne; il la surfait, pour la vendre plus cher qu'elle ne vaut; il a des marques fausses et mystérieuses, afin qu'on croie n'en donner que son prix, un mauvais aunage, pour en livrer

Fig. 141. — Adresse illustrée d'un marchand de bimbeloterie; xviiie s.

le moins qu'il se peut; et il a un trébuchet, pour que celui à qui il l'a livrée la lui paie en or qui soit de poids. »

Cinq ou six ans plus tard, Cotolendi, dans sa fameuse lettre d'un Sicilien, ne traite pas mieux les marchands et le petit commerce de Paris : « Si vous venez jamais à Paris, » faisait-il dire à son voyageur sicilien, « gardez-vous de mettre le pied dans les boutiques où l'on vend des choses inutiles. D'abord que le marchand vous fait la description de ses marchandises avec plusieurs paroles précipitées, il vous flatte et vous invite insensiblement, avec beaucoup de révérences, à acheter quelque chose, et à la fin il parle tant, qu'il vous ennuie et vous étourdit. Quand on entre dans sa boutique, il commence par montrer tout ce qu'on ne veut pas, faisant voir ensuite ce qu'on demande, et alors il dit et il fait si bien que vous dépensez tout votre argent, en prenant la marchandise qu'il vous donne pour plus qu'elle ne vaut. Par ce moyen il se paye de sa civilité et des peines continuelles qu'il prend à montrer inutilement, et cent fois par jour, ses marchandises à des curieux qui veulent tout voir sans acheter. »

Sans doute, c'étaient là les défauts et les vices de quelques marchands trop avides et trop âpres au gain ; mais, en général, le marchand de Paris, comme celui de province, se faisait un point d'honneur d'être honnête, de ne vendre que de bonne marchandise et de ne pas tromper l'acheteur. De là ces maisons dites *de confiance*, qui existaient autrefois en si grand nombre et qui avaient une clientèle héréditaire, que les possesseurs de ces maisons se transmettaient de père en fils; car la même famille de marchand occupait souvent, depuis deux ou trois siècles, la même boutique, où l'on voyait se succéder aussi plusieurs générations de clients, qui n'avaient jamais eu à se plaindre ni à se défier de leurs fournisseurs attitrés. Les marchands, d'ailleurs, faisaient partie de ces corporations et de ces jurandes dans lesquelles ils trouvaient la récompense d'une réputation sans tache, en remplissant des charges honorifiques, qui devaient suffire à leur ambition modeste et les conduisaient, sous les auspices des suffrages de leur communauté (fig. 142).

D'ordinaire, les marchands menaient une vie laborieuse et simple. On les voyait constamment occupés derrière leur comptoir; ils étaient levés avant l'aube; ils ne veillaient que pour mettre en ordre leurs écritures de commerce; ils s'imposaient la plus stricte économie et ne souffraient pas dans le ménage une dépense inutile; ils se faisaient aider, dans les soins de leur négoce, par

Fig. 142. — Boutique d'un potier d'étain; d'après Christophe Kilian. xviiie s.

leurs femmes et enfants; on regardait alors les commis étrangers comme des causes de ruine et de gaspillage dans une bonne maison. « Les femmes des petits marchands », dit Mercier dans son *Tableau de Paris,* « travaillent de concert avec leurs hommes et s'en trouvent bien, car elles manient toujours un peu d'argent.

C'est une parfaite égalité de fonctions; le ménage en va mieux. La femme est l'âme d'une boutique. »

Les fortunes qui s'étaient faites par l'épargne ne se conservaient que par un surcroît d'économie. Il y avait beaucoup de marchands riches, mais ils n'en étaient souvent que plus parcimonieux, et donnaient à leur famille l'exemple des mœurs patriarcales. La semaine était consacrée au travail, le dimanche au repos et à la promenade, après l'accomplissement des devoirs religieux. La distraction la plus coûteuse que se permettait un marchand aisé, et rarement encore, c'était une soirée de spectacle.

On célébrait les fêtes carillonnées par des réunions intimes entre voisins, entre confrères. On trouve, dans *l'Ami des hommes,* un tableau naïf de ces réunions : « A Noël, la famille rassemblée, la souche de la veillée et le brasier qui l'entourait, servant à cuire les marrons pour le vin blanc; ensuite le réveillon, etc. Aux Rois, la fève, et les cris *le roi boit!* à Pâques, les œufs, qu'anciennement le père de famille distribuait à toute sa maison, jusqu'au moindre domestique, le jambon, etc.; à la Pentecôte, les premiers fruits, etc. Ces sortes d'assemblées réveillent, font oublier les peines, passées et futures, réunissent la jeunesse sous les yeux paternels, font naître les unions de convenance, les propositions de mariage, rappellent les souvenirs d'antique fraternité et parenté. »

Les boutiques étaient encore, comme autrefois, basses, étroites, obscures, enfumées, sans aucun ornement et sans autre signe extérieur qu'une enseigne peinte; la plupart à demi ouvertes sur la rue, ou fermées par deux ou trois volets mobiles, avec une porte à vantail et à loquet; quelquefois entièrement closes par un vitrage volant. Deux ou trois objets étalés sur une tablette extérieure annonçaient la nature du commerce auquel servait la boutique;

à l'intérieur, des marchandises entassées dans un espace exigu, privé d'air et de lumière ; des bancs de bois et des tabourets couverts en paille, sur un sol pavé ou planchéié, suivant la nature du négoce. Le marchand habitait au-dessus de sa boutique, avec laquelle il se trouvait en communication au moyen d'une ouverture pratiquée au plancher, ou *judas,* qui lui permettait de voir sans être vu, et de répondre à chacun sans se déranger.

Fig. 143. — Boutique d'une marchande de modes au xviiie siècle. Collection Bonnardot.

Au reste, le même genre de commerce s'attachait encore traditionnellement à certains quartiers et à certaines rues, dont le nom y correspondait plus ou moins : à Paris, les drapiers n'avaient pas quitté la rue de la Vieille-Draperie ; les orfèvres, le quai des Orfèvres ; les cordonniers, la rue de la Cordonnerie, etc. La solidarité retenait dans les habitudes de bon voisinage les marchands de la même confrérie.

A partir de la régence, les divers commerces s'éloignèrent peu à peu de leur centre primitif ; c'est alors que la rue Saint-Honoré, aux environs du Palais-Royal, vit s'établir des boutiques élégantes, où de brillants étalages faisaient appel aux convoitises des passants. Les orfèvres et les bijoutiers, les marchandes de modes (fig. 143) et de chaussures, les fourreurs (fig. 144) et les bimbelotiers, commencèrent à éblouir les yeux pour forcer les bourses à s'ouvrir. Tout le monde était riche ou se croyait riche, en ce temps-là, et jamais le commerce de luxe ne fit de plus gros bénéfices.

De cette époque date le luxe de quelques marchands enrichis, qui oubliaient les mœurs de leurs ancêtres et qui voulaient imiter les financiers et les gros bourgeois : « Chaque bourgeois commerçant, artisan même un peu aisé, » écrivait le marquis de Mirabeau en 1755, « a sa maison de campagne, où tout va par écuelles, comme l'on dit. » Toutefois, d'après le témoignage du baron de Besenval, « le luxe était bien éloigné des progrès étonnants qu'il a faits depuis ». Le marchand fut le dernier à se donner les jouissances de ce luxe, qui avait fait sa fortune.

« Dans les grandes villes de commerce où la richesse était parfois considérable, » dit M. Babeau, dans *les Bourgeois d'autrefois,* « les négociants, surtout au dix-huitième siècle, mettaient leur gloire à attester leurs succès par la grandeur et l'élégance de leur habitation. A Troyes, les beaux hôtels de la renaissance ont été construits par des familles qui s'étaient enrichies par le négoce, mais dont les chefs avaient acheté des charges de magistrature et des terres nobles; au dix-huitième siècle, ce sont des marchands encore en exercice qui élèvent quelques vastes maisons, d'une architecture distinguée et d'une distribution bien agencée. L'ambassadeur vénitien Lippomani remarquait au seizième siècle que les marchands, malgré leur prospérité, n'avaient que des maisons de bois ou de mortier, parce qu'ils aimaient mieux amasser que construire. De superbes maisons, comme celle de Jacques Cœur à

Bourges, comme celles de certains marchands d'Amiens, s'élevaient pourtant dans nos villes.

« Plus tard, Marseille, Bordeaux, Nantes, Tours se couvrent d'élégants hôtels bâtis par des négociants. Les quais de Nantes se garnissent d'hôtels dont les façades sculptées, les balcons décorés de riches ferrures, les fenêtres cintrées entourées d'ornements allé-

Fig. 144. — Boutique d'un fourreur ; d'après une gravure de *l'Encyclopédie*.

goriques, attestent l'opulence des riches négociants qui les ont construites au dix-huitième siècle. On pourrait citer à Marseille le château Borelli, et à Bordeaux la maison du marchand de vin Bethmann, qu'on jugeait assez belle pour recevoir l'empereur Joseph II. Van Robais, fabricant de draps à Abbeville, possédait, à côté de ses superbes manufactures, une maison et un jardin remarquable ; ses écuries contenaient six chevaux de carrosse et autant de main ; on disait « qu'il vivait très commodément, ayant toujours quelque compagnie chez lui. Citons aussi à Tours la vaste habitation d'un fabricant de damas en façon de Gênes, dont le large escalier, la magnifique galerie, les jardins admirablement disposés, la salle de comédie faisaient la surprise et l'admiration des étrangers.

« Les maisons de ce genre, dont on pourrait multiplier les exemples, étaient, à coup sûr, exceptionnelles et ressortaient en vif relief sur la masse des habitations des marchands ; mais elles attestaient l'importance, de plus en plus grande, que prenaient le commerce et ceux qui en faisaient leur profession, au fur et à mesure que les mœurs se modifiaient dans un sens égalitaire. »

Un marchand enrichi, à force de petits calculs, de gains accumulés, de lucres opiniâtres et mystérieux, ne ressemblait nullement au négociant armateur, qu'un écrivain économiste, Bedos, nous représente, en 1779, comme l'arbitre des destinées du commerce maritime, « analysant les avis de ses correspondants, ayant sous les yeux ses engagements à payer, vérifiant les sommes en caisse, calculant les effets en portefeuille, inventoriant ses marchandises en magasin, celles qui sont sur les flottes, évaluant ses vaisseaux en charge et en décharge ». Malheureusement, ce *négociant patriote* avait subi, pendant la guerre, des pertes irréparables, et le gouvernement n'avait rien fait ou presque rien, pour protéger les navires marchands (fig. 145), qui sillonnaient toutes les mers. Un grand nombre de ces navires avaient été capturés par les Anglais, qui augmentaient sans cesse leur marine militaire pour détruire notre commerce et pour nous enlever nos colonies, que le négoce et l'agriculture avaient rendues si florissantes.

La Compagnie des Indes, quelle que fût la prospérité de ses établissements au Canada, au Bengale, à Madagascar, à Saint-Domingue, ne se soutenait qu'à force d'emprunts, et employait toutes ses ressources à payer des troupes, à équiper des vaisseaux de guerre, à faire enfin le commerce à main armée. La France perdit successivement toutes ses colonies dans les Indes orientales et une partie de celles de l'Amérique. Son commerce extérieur était presque anéanti, malgré la prospérité toujours croissante de l'île de Saint-Domingue, où la production du sucre, du café, du

Fig. 145. — Nouveau pavillon fleurdelisé des vaisseaux marchands français; d'après *les Pavillons ou Bannières que la plupart des nations arborent en mer;* chez David Mortier, à Amsterdam, 1718.

coton, de l'indigo et du cacao donnait des revenus plus certains et plus durables que les mines d'or du Mexique et du Pérou.

Après la funeste paix de Versailles, la Compagnie des Indes, surchargée de dettes qu'elle ne pouvait éteindre, n'était plus même capable de mettre à profit des privilèges sur lesquels reposait son institution; elle n'avait plus de raison d'exister, en face de la liberté du commerce, qui devenait la base du nouveau code de l'économie politique. Elle se dessaisit alors de tous ses droits et de tous ses biens, entre les mains du roi, qui se chargea de payer les dettes et d'indemniser les actionnaires (17 février 1770). Quinze ans plus tard, on reconnut que le commerce d'importation et d'exportation avait trop à souffrir de cette liberté absolue, tant préconisée par les économistes : ici, une concurrence désordonnée et inintelligente accumulait sur un même point des marchandises de même nature et les frappait d'un rabais général; là, le manque total des marchandises demandées accusait la négligence ou l'ignorance des expéditeurs; l'approvisionnement du royaume se trouvait ainsi tantôt insuffisant, tantôt exagéré.

On en revint donc au principe du monopole et de la protection. Le roi institua une nouvelle Compagnie des Indes (14 avril 1785), qui fut investie, pour sept années seulement, du droit exclusif de commercer par terre et par mer depuis le cap de Bonne-Espérance jusque dans les mers des Indes et jusqu'en Chine et au Japon. Le port de Lorient devait être, en France, le centre unique des expéditions et des arrivages maritimes. Les succès de la marine française dans les mers des Indes pouvaient faire espérer que la nouvelle société prendrait sa revanche des échecs ruineux que l'Angleterre avait fait subir à notre commerce maritime; mais bientôt éclata la Révolution, et le privilège de cette compagnie eut le même sort que tous ceux qui entravaient la marche de la liberté. Ainsi finit cette institution, qui, si elle ne fut pas toujours heureuse dans ses entreprises, n'en rendit pas moins de réels services, en fondant des établissements, en familiarisant les Français avec les spéculations de longue durée, et en formant une marine marchande, dont l'industrie privée, en des temps plus favorables, tira parti pour son propre compte.

Dans le cours du dix-huitième siècle, la *balance du commerce* avait été, en quelque sorte, paralysée ou dérangée par les théories

des économistes, qui traitaient *à priori* les questions commerciales et qui voulaient réformer, à un nouveau point de vue, toutes
les lois et tous les règlements organiques. Les négociants, par
bonheur, ne lisaient pas ces gros volumes et ces brochures multipliées que la liberté du commerce avait fait sortir de terre; ils

Fig. 146. — La Liberté du commerce; d'après un bas-relief en bronze de l'obélisque
de Port-Vendres élevé en 1786, aujourd'hui au musée de Perpignan.

s'occupaient exclusivement de leurs opérations, soumises à l'é-
preuve de l'expérience (fig. 146).

C'était surtout le commerce des grains qui servait de texte aux
plus étranges controverses de l'économie politique. Par les édits
de 1763 et de 1764, on en permit la libre circulation dans tout le
royaume, et la libre sortie, moyennant un droit de 1/2 % tant que
le prix n'atteindrait pas 12 livres 10 sols par quintal; au delà
de ce chiffre, la sortie était prohibée. Ces variations encoura-
geaient naturellement les spéculations : l'agiotage, n'ayant plus à

tenir compte de l'ancienne réglementation, qu'on laissait tomber en désuétude, accaparait les blés et farines, les faisait disparaître du marché, en haussait le prix selon son caprice, et ne se souciait pas d'affamer ou d'inquiéter les populations. La famine, réelle ou factice, entretenue ou prolongée par des spéculateurs inhumains, prouvait, de temps à autre, que la liberté du commerce, comme l'avait dit Montesquieu, était bien différente de la liberté du commerçant. On prétendit que, dans ces tristes circonstances où le peuple manqua de pain, lorsque les greniers des monopoleurs regorgeaient de blé, Louis XV lui-même avait spéculé sur la subsistance de ses sujets.

La liberté du commerce des grains ne fut proclamée qu'en 1774, par une ordonnance de Louis XVI, sur la demande de Turgot. Les économistes et les philosophes applaudirent à cette mesure, qu'ils avaient préconisée d'avance dans leurs écrits; mais la pratique vint encore une fois donner un démenti à la théorie, et l'on reconnut, après un malheureux essai, que le commerce des grains avait besoin, plus que tout autre commerce, d'être surveillé et dirigé par des lois de police. Ce fut seulement en 1787, sous l'inspiration de l'assemblée des notables, qu'on rétablit cette liberté du commerce des grains, praticable et même avantageuse dans les bonnes années, mais funeste et impossible après de mauvaises récoltes, et traînant à sa suite, comme deux compagnes fidèles, la famine et l'émeute.

Pendant tout le dix-huitième siècle, on fut rempli de bonnes intentions pour le commerce. Toutefois, comme on travaillait sur une matière que l'on connaissait mal, on agit presque toujours à tâtons et l'on fatigua, par des changements sans motifs, la chose du monde qui a le plus besoin de fixité. Après avoir institué un conseil général du commerce qui fit place à un simple bureau, on établit, en 1730, un conseil royal, et en 1775 un inspecteur général. D'autre part, les nombreux traités qui furent conclus avec les diverses puissances ne furent pas entièrement favorables aux intérêts du pays.

Il faut avouer, cependant, que toutes ces réformes, bientôt ré-

Fig. 147. — Juré crieur de vins, au XVIIIe siècle.

formées à leur tour, étaient faites en vue du bien public, et il y en eut quelques-unes d'une incontestable utilité. La bourse de Paris fut fondée en 1724; des assemblées générales de négociants furent autorisées dans toutes les places commerçantes; il fut permis à tout le monde, à l'exception de la magistrature et du clergé, de faire le négoce. En même temps, la circulation des vins à l'intérieur fut affranchie de toute entrave (fig. 147), et l'on promit des récompenses publiques à ceux qui fonderaient de nouveaux établissements de commerce.

Le commerce intérieur restait, en général, soumis aux exigences tyranniques des coutumes locales; il trouvait, dans chaque province, une barrière plus ou moins hérissée d'obstacles et de taxes arbitraires. Par exemple, il y avait lutte entre le Languedoc et la Provence : ici, la production, là, l'exportation. Les draps fabriqués en Languedoc subissaient un escompte de 40 pour 100 en arrivant à Marseille, qui jouissait du privilège de vendre ces draps dans les échelles du Levant. Le droit du transit, d'une province à l'autre, s'élevait quelquefois jusqu'à la valeur réelle de la marchandise.

Quoi qu'il en soit, la situation du commerce extérieur se présentait dans un jour satisfaisant, surtout en comparant deux époques : en 1715, ce commerce montait à 212 millions de livres, et en 1787 à 1,153 millions; il avait, en conséquence, quintuplé en l'espace de soixante-dix ans. « Le chiffre des exportations (542 millions), » dit M. Rambaud, « se décomposait en 424 millions pour l'Europe, 17 millions et demi pour l'Asie, 23 pour l'Afrique, et 78 pour l'Amérique. Nous importions pour 380 millions de l'Europe, 35 de l'Asie, un peu plus de 4 de l'Afrique, et 192 de l'Amérique; nos meilleurs clients étrangers étaient, dans l'ordre suivant, l'Italie, l'Allemagne, les États scandinaves, l'Angleterre. Nous faisions avec nos seules colonies un commerce de 350 millions. Les plus forts articles à l'entrée étaient les matières premières; à la sortie, les tissus, les vins, les articles de Paris. »

Avec le développement de la richesse des particuliers, le commerce de luxe avait pris des proportions inouïes, qui contrastaient avec les embarras des finances publiques et que la pénurie d'argent ne semblait pas restreindre. Toutes les industries qui avaient rapport à la toilette, à la table, à l'ameublement, au confortable et au bien-être de la vie, ne faisaient que grandir et prospérer (fig. 148). Le commerce d'exportation n'avait jamais été plus actif ni plus flo-

Fig. 148. — Adresse illustrée d'un marchand d'éventails au XVIIIe siècle.

rissant pour ces mille objets de goût et d'élégance, qui étaient le monopole de l'industrie française.

Paris était naturellement le foyer et le centre de ce commerce des choses à la mode. Les commerçants de Paris, par des excitations de toute espèce, par des crédits illimités, poussaient la société à cette exagération de dépenses. Les boutiques se métamorphosaient en salons splendidement décorés, étincelants de glaces et de dorures, illuminés tous les soirs comme des palais de fées. Le vieux Paris marchand changeait d'aspect et de caractère : l'antique galerie du Palais, où les étalages des libraires, des chapeliers et des merciers attiraient naguère une foule d'acheteurs et de curieux, était déserte et abandonnée ; la foire Saint-Germain et la foire Saint-Laurent ne trouvaient plus de visiteurs que chez les provinciaux et les gens du peuple ; les charniers du cimetière des Innocents, où les lingères et les marchandes de modes avaient bravé si longtemps le voisinage de la mort, n'étaient plus même un souvenir, et le Palais-Royal, élevé par le duc d'Orléans, comme d'un coup de baguette, dans le jardin de son habitation princière (1782), avait rassemblé à la fois, dans son immense périmètre, toutes les magnificences, toutes les délicatesses, toutes les curiosités du commerce de luxe et de caprice.

Fig. 149. — Fac-similé d'un cul-de-lampe des *Statuts de l'ordre de Saint-Michel,* 1725.

TABLE DES MATIÈRES.